たましいを癒す

お祓いフィトセラピー

江原啓之

＊

池田明子
植物療法士／フィトセラピスト

マガジンハウス

はじめに

洋の東西問わず、古来、薬草にてお祓いが行われていたり、また癒しが行われていました。この度、ハーブにスピリチュアルな効能があるのかを追求してみました。私の書籍をご愛読くださる方は、「それは物質的であってスピリチュアルと違うのではないか？」と思われる方もいるかもしれません。しかし、本書をお読みいただければ、物質からスピリチュアルな影響を与えるアプローチもあることがおわかりいただけることでしょう。

2つのアプローチ

たましいの癒しには、言霊で心に響くというような、直接たましいを癒す道と、ハーブなど身体から心地よい、たましいを癒す2つのアプローチがあるのです。スピリチュアルな癒しには、肉体など現世側からのアプローチも欠かせません。自然食やヒーリング・ミュージックなども、現世側からのアプローチと言えるかもしれません。

私がロンドンへスピリチュアリズムの研修に出かけるたびに考えさせられるのは、スピリチュアルなヒーラーなどがハーブなどをすすめることです。そもそもイギリスは先進国でありながらも医療制度は日本よりも充実しているとは言えない環境にあります。国民は誰もが医療を受けられるのですが、その選択は難しく、私費にて受ける医療以外は、指定された医療機関を受診しなければならないのです。しかも重症でない限り順番待ちを強いられ、ようやく受診したときには重症だったなどということもあるようなのです。そのため国民は自身の健康に対して国に依存せず、自己健康管理や自然治癒力を養うことに余念がありません。アロマテラピー、リフレクソロジー、またスピリチュアル・ヒーリングなどの分野において、イギリスが先進国であることの理由はそこにあるのです。

しかし、日本でも高齢化が進み、医療を満足に受けられないことに不安を感じる人が少なくありません。そのために自身の心と身体の健康管理に強い関心を持つようになったと思います。テレビでも健康番組が多いのは、その理由もあるのではと感じる今日この頃です。

未来の日本は、肉体と心、そしてスピリチュアルな健康も責任主体の時代となると思います。もちろん必要なときには専門職に委ねることも必要ですが、基本的にはお祓いも健康も責任主体が理想であり、一番の安心であると考えます。基本的に依存せず、お祓いも自分でする。自己治癒力を高め、病を乗り越えるようにする道です。そしてそれは正しい知識を持っていれば可能なのです。

今回、ハーブや薬学の専門家である池田明子さんと共著という力強い二人三脚が実現しました。みなさんの健康的な自然の癒しとお祓いを提供できることを嬉しく思っています。幸せな未来のために。

江原啓之

目次

第2章

心と体の不調を祓う ハーブと精油、フィトのパワー

第1章

あなたのたましいを癒す お祓いセラピー

1 たましいに届くお祓いセラピー

古くから日本のみならず世界中で、ハーブはお祓いに使われてきました。

ハーブの何がお祓いのエナジーになるかといえば、ひとつは香りです。例えば心が沈みがちなとき、さわやかな香りを嗅いで晴れやかな気持ちになった経験は、誰しもあるでしょう。ネガティブな思いを香りで祓ったのです。

もうひとつはハーブを用いてお祓いをする行動そのものが、強いお祓いオーラをつくり出すということ。この自らの意志力、念がとても大事です。お祓いという行為を「おまじない」だと軽んじる人もいますが、「おまじない」であっても素直にやってみることが大事。良くないこと続きで落ち込んでいるときに、ハーブでお祓いをしようと思う。その瞬間にネガティブなスパイラルは断ち切られ、ポジティブなエナジーがわき上がります。そして**能動的に自らがお祓いをすることで「祓うぞ」という意志力が高まる。お祓いオーラが強いバリアを作るのです。**

ネガティブになっているときは、すべてに対して「不」が付くのではないでしょうか。どんなに美味しいものを食べても「不味《まず》い」と思ったり、疲れて眠ろうと思っても「不眠」になったり、どうにも「不快」だったり。本書で紹介するのは、その「不」を祓い、「和み」に変えるたましいへのアプローチ法です。

植物には自然のエナジーがあります。その植物を活用したフィトセラピーでのアプローチを具体的に示しつつ、それ以外の方法もこれからお話しします。いずれもあなたのたましいを癒し、不調和を調和へと変える方法です。

もちろん、調和をもたらすのはハーブに限りません。精油や観葉植物、野菜など、生活に取り入れやすい植物のパワーに加え、睡眠や入浴などたましいを癒し、魔を祓う方法がたくさんあります。さまざまなアプローチからあなたのたましいを癒すという意味を込め、それらをお祓いハーブとして紹介していきます。

この本を手に取った瞬間から、あなたのオーラは輝き始めています。その輝きをもっと増すために、あなたの取り入れやすい方法をチョイスし、ぜひ実践してください。

病はたましいの表現

落ち込んで不安なとき、あるいはイライラしたり、やる気が出ないなどネガティブなときのたましいはどんな状態なのでしょうか。

スピリチュアルな視点で見ると、私たちの肉体には幽体というエネルギー体が重なっています。肉体と幽体をつないでいるのが、シルバーコードと呼ばれるもの。おへそから少し下にある丹田《たんでん》は、シルバーコードがつながる重要なポイントです。

幽体と肉体の調和がとれていないときは、シルバーコードがしっかりつながれておらず、肉体と幽体がずれるのです。こういうときは感情が不安定になりがち。また疲労や病気など、いわゆる肉体的な不調も出やすくなります。

落ち込んでいる人は、うつむき加減で背中も丸くなります。やる気がなくて弱々しい人は声が小さいですし、イライラしている人は呼吸が浅くて速い。肉体と幽体の調和がとれているかどうかは、このような呼吸や体の状態からもわかります。たましいの状態が体にも表れるのです。

心や体の不調を感じると「憑依《ひょうい》」を心配するかもしれません。たしかに第2章で挙げるような心の不調の数々は、憑依されている人にも表れやすいものですが、「憑《つ》く霊が悪いのではない。憑かれる自分が悪い」というのがスピリチュアルな真実。類は友を呼ぶ波長の法則で、落ち込んでいる人には落ち込んでいる霊が寄ってくるのです。**憑依を恐れるよりも憑依されない自分に変わることが大切です。**

病は、スピリチュアルな視点から言えば、たましいの表現のひとつです。病には肉の病。思い癖の病、宿命の病があります。

過労や不摂生を続けるなどしてその影響が肉体に出る、肉の病。クヨクヨしがちな人が胃を病んだりするなど、誰もが持つ思考の癖が影響する思い癖の病。自分の学びのためのカリキュラムに関わる先天的、後天的な病気や、寿命に関わる宿命の病。この3つです。

これらは連動しています。過労や不摂生をするのも、その根底に思い癖があって、なかなか悪い習慣をやめられないからでしょうし、それが変えられなければ本当はもっと長い寿命なのに、命を縮めてしまうことも。もちろん悪い生活習慣や考え方によって必ずしも病になるとは限りませんが、病を招く可能性のある負のスパイラルを断つのは大切なこと。体の不調から自分を見つめ、たましいを成長させることもできるのですから、不調や病は不幸なばかりではないのです。

「お祓い」の本当の意味

たましいを癒すことはスピリチュアル・ヒーリングなどと呼ばれることもあり、とても霊的な部分が強いように思われています。

しかしたましいを癒す方法には2つのアプローチがあります。ひとつは霊的なアプローチ。もうひとつは物質的なアプローチです。

たましいというものが中心にあるとしたら、霊的なアプローチは、たましいにダイレクトに働きかけるようなイメージ。物質的なアプローチは、物質を用い、肉体を通してたましいに働きかけるイメージです。いわば両極のアプローチと言えるでしょう。

現世は物質界ですし、この世に生きる人は肉体という物質を持っているため、この2つの違いを明確にはとらえきれないかもしれません。

例えばスピリチュアル・カウンセリングなど、言霊によってたましいが癒されるのは霊的なアプローチと言えますが、その言霊を耳で聞けば、肉体という物質を通しているということになるからです。

ただこうは言えます。この**両極のアプローチのバランスがとれていないと、本当の**

意味でたましいを癒すことも、人生の学びをたましいの成長に生かすこともできません。

病だけを見つめて物質ばかりに頼っても、たましいに向ける視点がなければ、対症療法で終わってしまうでしょう。そうすればまた同じような病になる可能性もあります。

憑依も、自分を変えるという視点がなければ、いくら祓ってもまた同じような憑依に遭うかもしれず、逆に「気高く生きていくためには教養が大切だ」と本を読んでいるだけでは、実践的な体のメンテナンスにはつながらないのです。

ですからいつも人をいじめたり、悪口ばかり言っていては、お祓いのためにいくらお香を焚《た》いても、その効力は発揮されないでしょう。反省や改善という自浄能力がない人は、どんな良きアプローチもたましいには届かないからです。つまり霊的なアプローチ、物質的なアプローチ、どちらか一方ではアンバランスなのです。

私が常にお話ししている8つの法則（霊魂の法則、階層の法則、波長の法則、因果の法則、守護の法則、類魂の法則、運命の法則、幸福の法則）について学ぶことも霊的なアプローチであり、生きる土台となるものです。

私は目に見えるものに惑わされず、たましいや心を尊重することを霊的価値観、目に見える物質的なものに価値を求め、こだわることを物質主義的価値観と言っています。

この世は物質界ですから、広く浸透しているのは物質主義的価値観。しかし人はたましいの存在です。目に見えないものへの敬いや、たましいを満たす愛を大切に生きる本質を、忘れてはなりません。

そういう意味で物質主義的価値観に重きを置きすぎず、霊的価値観を大切にすることを、私はいつもお話しししています。

すると、ハーブなど物質を使った癒しやお祓いなどの物質的アプローチを「物質主義的価値観だからよくないのだ」と考え、敬遠する人もいるようです。たしかに物質に頼りすぎるのはよくありません。だから両極のアプローチとそのバランスが重要になるのです。

たましいの受け入れ態勢を整えること

スピリチュアルな考え方を学んでいる人のなかには、ヒーリングを代替医療としてとらえてしまう人もいます。

まず言えるのは、たましいを癒すための方法は医学的な治療とは違うものであり、代替ではないということ。医者でもない人が「病を治す」と言って、治療を施してはならないのです。

あえて申し上げますが、不調があるのにもかかわらず、霊的なアプローチのみを、医学的治療の代わりに用いようとするのは大きな誤解です。乱暴な言い方に聞こえるかもしれませんが、それで病気を治そうとするのは少しばかり横着ではないでしょうか。「薬や医学的治療は物質主義的価値観だから使いたくない」「ヒーリングだけで病を治そう」などと思う気持ちにつけ込む輩《やから》が多いのは、多くの詐欺事件などでもご存じの通り。トラブルに巻き込まれないためにも、両極のアプローチが大切だという認識をしっかり持ち、理解を深めましょう。

本書でも心や体の不調、病について述べる部分がありますが、不調を感じているのならまずは医療機関で診断を受けるのが基本です。

やはり物質的なアプローチは必要ですし、医学的な根拠に基づき、医師の元で適切な治療をきちんと受けるべきです。そのうえで、自分を満たすたましいの癒しを探っていくことが大事です。

もしあなたが腹痛で苦しんでいるとき、たましいを成長させることについて考えようと思っても無理でしょう。まず病院に行って、診断と治療を受けるはずです。そこで適切な薬をもらうなどして、ようやく痛みが治まり回復したとき、いろいろなことを考える余裕が出てくるのではないでしょうか。

いかに肉体が、痛みが、たましいの足を引っ張るかということです。

肉体の苦痛があると、たましいは正しい方向を見て、動くことができません。もちろん痛みに限らず、かゆみや不快感もたましいの足を引っ張る大きな苦痛。苦痛があれば十分な睡眠もとれず、たましいも肉体も疲弊していきます。

苦痛や不調があるときは、まず肉体を癒し、その苦痛を緩和させ、たましいが受け入れられるように整えることが重要です。

肉体を物質的なアプローチで癒すことが、霊的なアプローチをサポートし、たましいの癒しにつながります。両極のアプローチは矛盾するどころか、どちらも必要なことなのです。

やはり気持ちのいい環境にいると、人は素直になれます。人間は動物ですから、本来は自然のなかで過ごすのがいいはずなのです。

例えば、家族で自然豊かな美しい場所に旅行に行き、温泉に入ったり、その土地で穫《と》れた新鮮な野菜などを食べて過ごすと、みんながいつも以上に素直に話せたりするのではないでしょうか。忙しさに追われ、やるべきことをこなすだけの日々から解放され、ふと相手への思いを打ち明けたりするかもしれません。

旅行先で、家族がケンカになるというのも、ふだんは言えずにいたことが素直に出てしまうからです。それもたましいが解放されたからこそでしょう。

ケンカをしても、素直なときはお互いの理解や歩み寄りも早いもの。問題があるならば、どのように解決するかの話し合いもできるに違いありません。相手の話すこともスッと、心に届いてくるはずですし、思いやりも持てるでしょう。

ぜひ、2つのアプローチを実感する旅や環境づくりをしてみてください。

お祓いフィトセラピーとは

フィトセラピーは植物療法と直訳されますが、もっとわかりやすく言えば、植物全般を活用し、たましいを癒す方法と言えるでしょう。スピリチュアルな視点から見ても、植物にはエナジーがあります。そのエナジーをいただきながら、たましいへ両極のアプローチをしていくのが本書におけるフィトセラピーです。

たましいと肉体を癒すヒーリングには、お祓いとリラクゼーションが必要です。不調を祓い、心地良いリラクゼーションを得て、たましいが癒されていくのです。

例えば、良い眠りのためにラベンダーなどの匂い袋を枕元に置くという人もいるでしょう。眠りを誘うのは、ハーブの香りが不眠を祓い、心が落ち着いたり、和んだり、たましいに癒しを与えてくれるからです。

また七味唐辛子は、日本人におなじみのハーブ。7種類の材料はお店によって違うようですが、唐辛子をはじめとする材料はすべて植物由来です。

古くから薬味と呼ばれ、医食同源の意味合いもあったのでしょう。実際に、唐辛子には発汗によるデトックス作用や体を温める作用もあります。

医学的知識の乏しかったその昔、寺社の門前町でありがたいお土産物として売られていたのも納得がいきます。

そうした門前町には必ずと言っていいほどお蕎麦屋さんがありますが、蕎麦はもちろん植物生まれ。ネギや山菜など、蕎麦以外の具材も植物が多く用いられます。

特にとろろ蕎麦に使われる山芋は、滋養強壮の代表格。すぐに食べられるという手軽さだけでなく、寺社詣でで体力が必要な人にはうってつけだったはず。

もちろんお祓いを目的に寺社へお参りに来る人が多いことから、祈りによる霊的なアプローチもしていたでしょう。つまり、門前町で植物の恵みをいただく物質的なアプローチと併せ、両極のアプローチを、今で言うフィトセラピーによって日本人は昔からしていたことになります。

これらはすべて、お祓いフィトセラピーと言えるでしょう。

デトックスという言葉をよく聞きますね。デトックスはスピリチュアルな視点から見ても重要です。

人にはエクトプラズムという生命エナジーがありますが、リラックスできていない、つまりストレスがたまっているときは、エクトプラズムが汚れています。 そのままでは新鮮なエナジーを取り込めないので、ますます疲れてしまいます。

エクトプラズムは毛穴という毛穴から出ます。唐辛子などのハーブスパイスを食べて代謝を上げると、毛穴が開いて汚れたエクトプラズムも出やすくなります。辛い物を食べて、すっきりするというのは、自らのお祓いにもなるのです。

とはいえ、行き過ぎはなんでもよくありません。極端に辛い物を食べ過ぎると、今度は痛みになったり、食べても反応しにくくなるような辛み刺激への麻痺《まひ》の可能性も。そのままでは気性が激しくなったり、怒りが増してしまったりと、たましいが誤作動を起こすことにもつながりかねません。

あまりに辛い物を欲するときは、現実から逃げたい気持ちがあって、刺激を求めてはいないかなど、自分を振り返る必要があるでしょう。

入浴やサウナも毛穴を開きますので、汚れたエクトプラズムのデトックスには欠かせません。入浴の効能や効果的な方法についてはこれ以降も随所でお話ししますが、入浴によるデトックスをしたうえでハーブの良きエナジーをいただくと、お祓いフィトセラピーの効果もいっそうアップするでしょう。

植物のエナジーが邪気を祓う

神社などのスピリチュアルスポットには、御神木があります。『江原啓之　神紀行』シリーズ（マガジンハウス刊）で、御神木や神社の木々を通して神聖なパワーに触れる過ごし方をお読みくださった方が多いのかもしれませんが、御神木の前で手を広げて深呼吸している様子をよく見かけるようになりました。**御神木に限らず、草花を含め植物にはエナジーが宿っています。樹木の多いところでは森林浴効果があると言われます。樹木のエナジーによってリラックスしながら邪気を祓っているのです。**

私たちが日常に取り入れる植物といえば、植木や切り花。根の付いた植木は生命エナジーが強いですが、切り花にもエナジーはあります。飾る場所や、季節に応じて選ぶとよいでしょう。また、植物そのもののエナジーに加え色のパワーを味方につける（詳しくは『五感・見る』56ページを参照）と、お祓いや癒しもいっそう力強さを増します。では、日常に取り入れやすい植物やお祓いをご紹介します。

―榊―

神事で用いる植物を榊《さかき》と言いますが、これは常緑樹の総称です。常に緑を保つことから「栄える樹」が名前の由来とも言われます。常緑樹には常に「生」のオーラが保たれ、命のエナジーに満ちているので、お祓いにふさわしいのです。

榊は神棚にも供えますが、神様への捧げ物ではありません。家の中のパワースポットとして浄化するためです。エナジーを湧かせる浄化ポイントですから、神棚は「オーラの泉」と言ってもいいでしょう。

引っ越し先におもと

引っ越しのときに常緑のおもと(万年青)を持っていくというのも、新しい環境で栄えるようにという念力が込められた風習です。スピリチュアルな視点から言えば、鉢植えの植物ならば生命エナジーがあふれていますから、おもとにこだわらなくてもいいでしょう。

電化製品によるエナジーの乱れ

現代に生きる私たちは、自然とはかけ離れた物に囲まれて暮らしています。特に家のなかには電化製品が多く、そうしたものはエナジーを乱しやすいようです。そこで、植物のパワーを借りて、エナジーを補いながら整えることをおすすめします。テレビやパソコンなどのそばには、ぜひ観葉植物を置きましょう。

気になる家相

家相や方角について、鬼門（北東15度）、裏鬼門（南西15度）に玄関や窓があって気になるときは、観葉植物を置いてエナジーを補給すると心丈夫に過ごせます。植物に触れながら手入れをし、家の掃除もきちんとして。清々しいエナジーを行き渡らせる行動があってこそ、強固なお祓いオーラが作れることを忘れずに。

実をつける植物

お正月に南天や千両、万両など赤い実をつける植物を飾るのは縁起がいいと言われます。南天の「難を転ずる」という語呂合わせや、千両、万両というお金にまつわる名称から、おめでたいといったイメージを受けて飾る人もいるでしょう。当然ながら花や実にも良きエナジーがありますから、お正月に限らず、花や実のエナジーを取り入れるのはいいこと。特に実はこれから大きく育つ強いエナジーを持っていて、おすすめです。もちろん実をつける時期は限られているでしょうから、いつでも実のついた植物を飾らなければと、こだわることはありません。

お香がもたらす聖なるパワー

香木を原料に作られるお香は、お祓いフィトセラピーを象徴するようなものと言えます。お香はもともと仏教と深い関わりがあり、けがれを祓い、魔を寄せ付けないための目的で用いられているものです。宗派によっても違うようですが、お坊さんは法要の前などに粉末のお香を手や体に塗ります。自分の体臭や口臭を消して浄めると同時に、香りをまとって魔を寄せ付けないようにしているのです。薫り高い香木は高価で貴重です。そんなお香の香りによって、清らかなもの、聖なるものへの意識を高め、自らを律する意識も持ったのでしょう。

一般の人たちはお香を体につける習慣はないと思いますが、実はお坊さんがするのと同じようなことをしている人は多いのです。お寺の入り口にお香が焚かれた、大きな香炉があるのを見たことがありませんか？ そこで立ち上る煙を、調子の悪いところにすりつけるような仕草。これはまさに念を強めたお祓いですし、香りを身につけて魔を寄せ付けないための行動です。

例えば、膝の痛い人が膝に煙をかけてなでながら「痛みが和らぎますように」と願掛けをする。これは香りを意識しながら、不調を祓う念を強めることにほかなりません。あるいは不調がなくても、全身をなでながら「健康に過ごせますように」などと願う。これは魔を寄せ付けないために香りをまとっているのです。

お香のなかでも「お祓いお香」と言われているのが「しきみ香」です。しきみは常緑樹で、全体に芳香のあるアジア特有の香木。日本では線香の原料に使われ、昔からお祓い全般に使われてきました。これからしきみ香の主なお祓い方法をご紹介していきますが、いずれも火の取り扱いには気をつけましょう。

憑依を疑うときのお祓い

しきみはその香りに浄化力があるようで、特に憑依体質の人の心の不調に役立つお香と言われています。鏡を見たときに何かいつもの自分と違うと感じたり、心の調子がおかしいなと思うときは、しきみ香を焚いてみてください。家族によくないことが起こって気になるときや、ホルモンバランスの乱れなどで気持ちが不安定になったときも同様に焚きましょう。

部屋や物のお祓い

なんとなく居心地が悪い部屋や、人間関係があまりよくない職場など、空間のお祓いでは、その場でしきみ香を焚きましょう。
人から譲り受けた物に念がこもっているようで落ち着かないときは、しきみ香の煙にその物をかざしてください。お寺でお香の煙を浴びるのと同じような要領です。

車のお祓い

車を運転中に意図せずして動物を轢《ひ》いてしまったとき、手当てしたものの残念ながら亡くなってしまうと気になるものです。そういったときは車の周囲で焚きましょう。

お線香を含め、お香を焚くことには、浄化やお祓いの意味合いがあります。

植物の恵みから生まれた香りをお香として活用するのは、まさにお祓いフィトセラピーを実践すること。日本人は古くからお線香になじみ、意識するとしないとに関わらず、自らでお祓いをしています。

お祓いの意味合いを知らずにルームフレグランスのように使っている人も、その香りに癒されるから用いているのでしょう。日常的に部屋にお香を香らせる使い方もまた、部屋の浄化になります。これからはその意味も意識しながら使うと、いっそうお祓いの念は強まることでしょう。

2 人生を変える暮らしのお祓い

自分は今までと同じようにしているのに、どこかテンポがかみ合わず、何かにつまずくように転んでしまうのが人生の節目。肉体のみならず、人生における生き方も変化していくなか、「今までとは違いますよ」とテンポを緩めることを教えてくれるありがたいものでもあります。セーブするときがあってこそ、「さあ、今だ！」というときに十分な力を発揮でき、人生のクオリティも高められます。

人生の節目を上手に乗り越えるポイントがあります。それは体やたましいの声に耳を澄ませること。たましいを癒しながら、自分と向き合うための心地よいリズムを作ることです。お祓いセラピーはその具体策です。自分の引き出しに入れておけば、その都度、必要な手段を使えます。ここからはフィトセラピーを中心に、それ以外の方法もたくさんご紹介していくことにしましょう。

自らの行動が念を強める

いつもの自分なら考えられないようなことを思ったり、してしまったりという状況を、「魔が差す」などと言います。「つい魔が差してしまった」ことで、人生の節目を感じる人もいるでしょう。

スピリチュアルな解釈では、「魔が差す」の「魔」は「間」でもあります。これはあなたと守護霊との「間」に暗雲がかかってしまう状況。これではせっかく守護霊があなたを応援しようと光を照らしていても届きません。

ネガティブな気持ちに翻弄されたままでいると、どんどん守護霊との「間」ができ、その隙間にネガティブな憑依霊を寄せ付けることにもなりかねないのです。

ネガティブな状況を変え、少しでも「間」にある雲を祓うには、自ら心地よい状況を作り出すことです。**誰かに変えてもらうのを待つ他力本願な気持ちよりも、自らで行動するほうが念は強くなります。**「自分で祓えるんだ。よしすっきりさせるぞ！」という気持ちで、お祓いセラピーを行ってみましょう。

そうはいっても、うまくコントロールしにくいときがどうしてもあります。

その原因のひとつはホルモンバランスの乱れです。

個人差があるにせよ、女性ならば生理中や妊娠中、ホルモンの低下が著しくなる更年期などは、精神的に不安定な状態を感じたりしがちです。経験や知識でわかっていても、理屈だけではどうにもならないときは、誰にでもあります。

こういうときにこそ、お香や入浴などのお祓いセラピーによって自分を癒しながら、エナジーを補いましょう。

個人差があると申し上げましたが、それは肉体的な個体差からだけではないかもしれません。スピリチュアルな視点から見ても、ホルモンバランスを崩しやすい人はいろいろな意味で感度が高いようです。それだけに憑依されやすい体質と言えますから、お香なども用いながら、お祓いや浄化を意識するといいでしょう。「間」にある雲を祓って、コントロールできる状態へと、たましいを導いていってください。

意識すべきは日々の呼吸

あなたは深呼吸ができますか？

深呼吸しようと両手を広げていたのに、腕が硬直していたりする人は少なくありません。肩や首に力が入ってこわばっていては、息が深く吸えませんし、吐ききることもできません。呼吸が浅くなる原因のひとつに、十分な脱力ができないことが挙げられます。リラックスできていないのです。ところが力を入れている自覚すらない人は、当然ながら脱力を意識することもない。すると自分で「脱力しよう」と思ってもできない、脱力がわからないという状態になりがちです。これでは肉体と幽体のつながりも悪くなり、ずれてしまいます。

人と接するのが苦手な人のなかには、人と相対すると呼吸がしにくくなるというケースがあります。もちろん人と接することが苦手になったきっかけはあるわけで、トラウマも抱えているかもしれません。懸命に自分の心を見つめ、「自分が弱いから、人と接するのが苦手なんだ」と分析はできても、そこからさらに深く心を探るのは怖い。トラウマと正面から向き合うのは辛いからです。すると肉体と心はつながっているので、別なことで苦しんだほうが、トラウマと向き合ったり、人と接したりという現実から逃げられると思ってしまいます。だから「息がしにくい」という肉体的な苦しみにつながるのです。逆を言えば、まず肉体的な緊張を緩和し、ラクに深呼吸ができるようになると、現実を見られるようになります。そうすれば原因となったトラウマとも、向き合えるようになるでしょう。

もし脱力というものがわからなければ、逆に全身にぎゅーっと力を入れてから、フッと力を抜いてみましょう。緩急をつけることで、脱力した感じもつかめるはず。テーブルの前に立ち、両手の親指をテーブルに押しつけて全身に力を入れ、次の瞬間に力を抜くという方法も、コリをほぐしてくれます。一日に何度か行ってみてください。また、お風呂で浮く練習をするのもいいでしょう。家の浴槽では全身を浮かせることは難しいでしょうが、肩から指先までの力を抜いて腕が浮くかなど、部分的にでもやってみてください。脱力できて気持ちよくなっても、くれぐれもお風呂に入ったまま、寝てしまわないように気をつけましょう。

緑豊かな森や公園で、散歩しながら両手を広げて深呼吸してみましょう。植物の良きエナジーももらえます。最初は深呼吸ができなくても、自然の中にいる気持ちよさを感じながら続けていれば、だんだんできるようになるでしょう。

卵オーラ法や鎮魂法は、丹田を意識し、幽体と肉体の調和を図る呼吸法です。こうした呼吸法は、ぜひ毎日行いましょう。ともすれば「早く良くなりたい」「すぐ変わりたい」と思いがちです。でも、付け焼き刃ではすぐに戻ってしまいます。すぐに力が入ってしまう癖は、時間をかけて変えましょう。

日々の呼吸を意識することは、たましいにアプローチし、幽体と肉体のずれを整えます。そしてあなたの土台をしっかりと作ることに役立ちます。オーラが変わり、強いたましいで自分の人生に向き合うための、腹くくりもできるようになるはずです。

卵オーラ法

1 両足を肩幅くらいに広げて立つか、椅子にゆったり座ります。

2 鼻から大きく息を吸い、口から細く長く吐き出します。これを3回繰り返します。このとき、自分の周りに丈夫で強い卵の殻のようなオーラが張り巡らされ、自分を守っていることをイメージしましょう。1回目は体の前後、2回目は左右、3回目は全体を意識して。

3 3回目が終わったところで、丹田に鍵をかけるようなイメージで、両手を当てましょう。

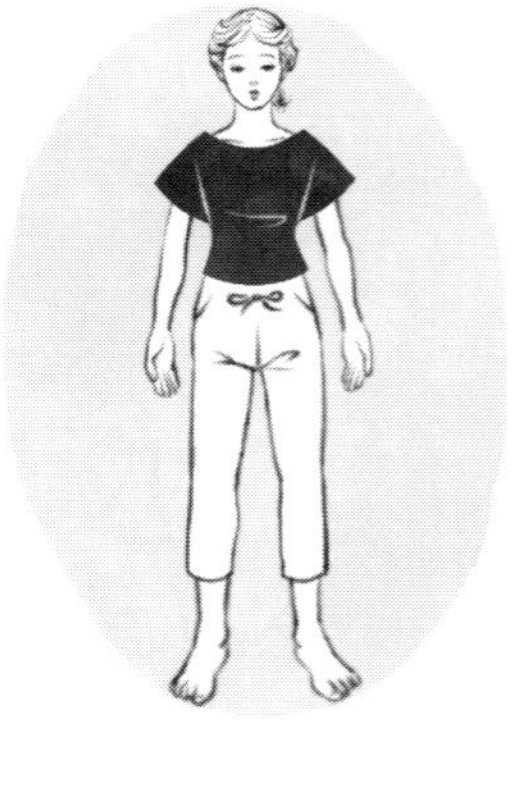

鎮魂法

1 両足の裏を合わせて座ります。両手はおへその前でバレーボールのレシーブの形に組み、背筋を伸ばしましょう。

2 鼻から大きく息を吸います。口から吐きながら、組んだ両手をぐるっと右回りに10周させます。体の前に大きな円を水平に描くようなイメージで、上半身も使って回し、1周するごとに両手でおへそに触れます。数えるときは、昔の数え方で「ひ、ふ、み、よ、い、む、な、や、こ、と」と声に出し、10周をひと息で行います。

3 再び鼻から大きく息を吸います。口から吐きながら、組んだ両手を前へ伸ばし、伸ばしきったら元の位置に引き寄せ、おへそに触れます。前屈するように上半身を大きく動かしましょう。これを10回。2と同様、昔の数え方で10まで数えながら、ひと息で行います。

4 再び鼻から大きく息を吸います。口から吐きながら、組んだ両手を上げ、額に触れたら、おへそに触れるまで下げます。これを10回。2と同様、昔の数え方で10まで数えながら、ひと息で行います。

5 2～4までを1セットとして、3セット繰り返しましょう。

4

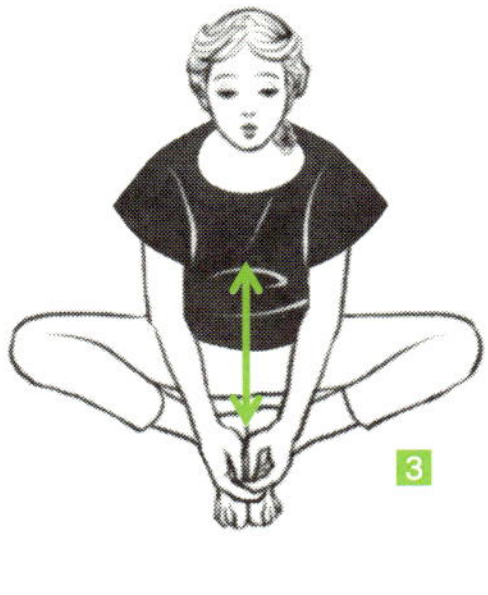
3

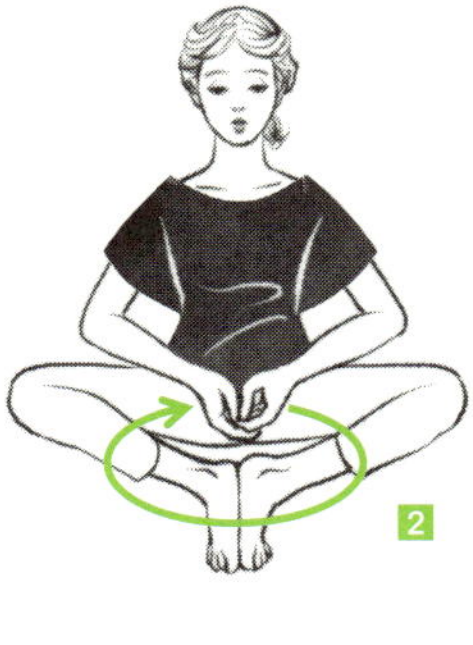
2

自分にとっての「主」を見極める

早く寝たほうがいいとわかっているのに、寝られない。その理由はさまざまでしょう。仕事や家事、子育てが忙しい。はたまた親戚や子ども関係、ご近所づきあいなど浮き世の義理に追われる、ということも。どんどん自分のやりたいことが後回しになり、睡眠時間も減ってしまうのが現代人です。

日々の睡眠不足の積み重ねが心身に悪影響を及ぼす「睡眠負債」という言葉があります。それを聞いて危機感を感じながらも、十分な睡眠時間をとれる生活にすぐ変えられる現代人は少ない。すると、できないストレスがますます募る悪循環に陥ります。

でも、よく考えてみましょう。時間よりももっと大事なのはクオリティ、質ではないでしょうか。限られた時間のなかで、どれだけ深く、良質な睡眠をとれるかです。長く寝ても、質の悪い睡眠であれば、心身の疲れはとれず「負債」はやはり貯まるでしょう。だとすれば必要なのは、良質な睡眠をとるための環境づくりです。

自分にとってのメイン、主は何か、という視点を忘れなければ、必要なことを取り入れ、良い方向にシフトできるのです。

実はたましいにおける人生のクオリティも同じです。

短命だから不幸、長寿だから幸せとは言い切れません。寿命の長短にかかわらず、どれだけ込めたかというのが、人生のクオリティの部分。たとえ短命だとしても、少しでも充実した人生を送ることが、たましいにとって大切なはずです。

また、何かに対するこだわりがストレスになり、人生のそのほかのことにかける時間や気持ちの余裕がなくなってしまうようでは、逆に人生全体のクオリティは下がってしまいかねません。人生のクオリティを高めるためには、自分の人生における主従は何かを、間違えないことです。

これだけ情報があふれる社会では、虚実入り交じった情報に惑わされがちですが、それに振り回されるといつの間にか、自分の主従がわからなくなります。

生活を見直すとき、自分がどんな人生を送りたいかについても、たましいの声に耳を澄ませてみてください。そして人生のクオリティを高めるために、今、必要なものは何か、主は何かを冷静に考えてみましょう。

良い睡眠がたましいを癒す

スピリチュアルな視点で見ると、人生が変化するタイミングでは季節などに関係なくどういうわけか眠くなります。自覚していようが、していまいが、睡眠中にたましいのふるさとで作戦会議がされるからです。

このようなときは物事に対する見方が変わったり、迷っていた人生の方向性が定まるなど、大きく変化したりしますし、自分の周囲で現実的な変化が起きたりということもあります。

そう、私たちは睡眠中にたましいのふるさとに里帰りしているのです。良質な睡眠がとれなければ、作戦会議もはかどりません。ですから睡眠はとても大切なものなのです。

現世で生きることは、例えるなら水中でバレエをしているようなものです。思うようにならないなかで、仕事や人間関係に苦しさを感じながら過ごす日々は、水の中で息を止め、もがきながらも、なんとか笑顔を作って踊る姿そのもの。

毎日の睡眠は、たましいのふるさとという水面に上がって息継ぎをする、いわば解

放のひとときです。

規則正しい生活がなぜ大切かといえば、この息継ぎの例えを考えればわかります。あるときは長く潜り、あるときは短く、と不規則だとどうなるか。だんだん息継ぎが浅くなり、ときには水を飲んだりと不測の事態が起きるでしょう。たましいや肉体の誤作動が起きれば、うまく自分を表現できなくなってしまいます。

それこそが睡眠負債です。不規則な生活で良い睡眠が十分にとれないと、病気を招いたり、自分の未熟さが露呈するような言動をしてしまう可能性が高くなるのです。

睡眠中に見る夢にも、睡眠の質が影響します。

スピリチュアルな解釈から言うと、夢にはいくつかの種類があります。肉の夢、思い癖の夢、スピリチュアルな夢(スピリチュアル・ドリーム)です。

なかでもスピリチュアルな夢は、霊界から自分へのアドバイスが含まれていることがあります。もちろんすべてが記憶に残る夢ではありませんが、その場合でもアドバイスは自分の思考や行動に反映されていきます。

気をつけなければいけないのは、思い癖の夢とスピリチュアルな夢を混同してしまうことです。

思い癖の夢というのは、自分の深層心理から見る夢のこと。心配事があって、それを夢でも見てしまうのはその代表例です。深層心理なので、自分では気づいていないことも夢で見てしまう場合があり、それをスピリチュアルなメッセージと勘違いしやすいのです。

また肉の夢は、肉体の状態が夢に反映されること。例えば睡眠中に立てていた膝がガクッと倒れたとき、谷底に落ちる夢を見たり、体のどこかに痛みがあると夢の中でも苦しむなどがそうです。肉体が疲労していると、良い夢が見られない原因となります。

恐ろしい夢を見て「不吉な予知夢ではないか」と思う人もいますが、単に体が疲れていただけだったり、深層心理が表れただけだったりということも。

夢についての詳細は『スピリチュアル・夢ブック』(マガジンハウス刊)をお読みいただきたいと思いますが、良質な睡眠をとることが、良質な夢を見るため、すなわち霊界からのメッセージを受け取るための大前提だと言えるでしょう。

良い睡眠のための5つの導き

たましいへのアプローチという視点で、良質な睡眠に必要なポイントをご紹介していきます。

1．寝室の環境を整える

寝室はあまり広くないほうが落ち着きます。ワンルームならばベッドまわりを寝室スペースとして整える工夫をしましょう。

例えば電化製品は電磁波などを出しやすく、たましいに影響します。ベッド付近には置かず、代わりに観葉植物を置いて、エナジーを整えましょう。

目を閉じていても光を感じるので、就寝時に灯りは消すか、極力、明るさを落として。遮光カーテンやアイマスクなども利用しましょう。

目を閉じていても、たましいは色のエナジーを受け取ります。寝室のカーテンやベッドカバーなどインテリアに使う色はグリーンやブルーなどの落ち着いた色味を。赤やショッキングピンクなど派手な色は、安らぎの空間には不向きです。

2. 目や耳を休める

たましいを休めるためには、寝る直前に映像や音の刺激を受けるのは避けましょう。スマートフォンを見ながら「寝落ち」するのは、良質な睡眠を妨げます。操作をする時間と、寝る時間をきちんと分け、メリハリをつけることが大切です。

また耳を休めることも大切です。深夜の道路工事の音が聞こえるなかで寝ると、夢のなかでも音に悩まされるといった肉の夢を見がち。道路や線路の近くに住んでいる、家族のいびきや寝言がうるさいなどの場合は、耳栓を使うなど工夫を。

3. 体を柔軟にする

寝相の悪い人が熟睡している一方で、寝相のいい人は熟睡できていないことがあります。寝相がいい理由は、肩や腰の痛みなどから寝返りが打ちにくくなっているからかも。

肉体的なコリや痛み、体の柔軟性のなさは睡眠に影響があると同時に、肉体と幽体の不調和を招きます。ふだんからストレッチやヨガをして柔軟な体づくりを心がけましょう。またマッサージを受けるのもいいでしょう。

4. 気持ちのいいものを取り入れる

気持ちのいい状態は、やはりたましいが癒されます。枕元に好きな香りや眠りを誘う香りを置いたり、寝る前にゆっくりお風呂に入ったりするのもいいでしょう。

日本人は菖蒲湯やゆず湯など、お風呂にも季節のハーブを取り入れてきました。体を温めながら、季節を感じる香りでリラックスしていたのです。ぜひその習慣は忘れずに取り入れたいものです。

海外のホテルに泊まると、ベッドサイドにチョコレートが置いてあることも。西洋では寝る前にチョコレートを食べたり、温かいミルクを飲んだりする習慣があるそうです。これも甘みや温かさでホッとするという発想なのでしょう。

また、寝具やパジャマも大切です。肌触りや材質など、自分にとってストレスの少ない、寝心地のいいものを探してみてください。コットンなど天然繊維には植物由来のものがありますから、フィトセラピーの視点から選んでみるのもいいでしょう。

5. 呼吸と思考をクールダウンする

忙しいときはいろいろな意味でテンポアップしています。疲れすぎて眠れないときは呼吸が速く、浅くなっていることがあります。肉体と幽体が調和するよう、丹田を意識してゆったりと深い呼吸にしていきましょう。テンポの遅い静かな曲をかけていると、呼吸もそれに合わせてゆっくりしたリズムになります。

忙しくてやることがたくさんあると、ついあれこれ考えがちです。「あれを忘れちゃいけない」「これもやっておくんだった」と頭が冴《さ》えて、眠れないことがあるでしょう。いくら体を休めたいと思っても、思考に引きずられてしまうのです。そのまま眠れば思い癖の夢を見てしまうかもしれません。

特に年齢とともに背負うものが多くなり、やらなければならないことも増えます。ですから意識的にクールダウンする必要があります。1～4の方法も積極的に取り入れて、たましいをリラックスさせていきましょう。寝る直前までスマートフォンやパソコンを見るのも頭を冴えさせてしまう原因。早めに電源を落とし、クールダウンしましょう。

良きエナジーは日常の行動から

掃除、洗濯、入浴は、日常のお祓いの基本です。

物にもオーラがあり、エナジーが宿ります。「しょせん、物だ」と侮ってはなりません。本を例に挙げると、楽しい気持ちでワクワクしながら読んだ本にはポジティブなオーラが付着しますし、思い悩んで読んだり、自分の病気のことを調べるなど不安な気持ちで読んだりした本には、ネガティブなオーラが付着します。

それらが整理されず、雑然と積んである部屋は、いろいろな思いやオーラが整理されないままあるということ。あなたが日々、何かに迷い、ネガティブな思いのまま、考えを整理できずにいるとしたら、それは片付けられていない部屋に一因があるかもしれません。

片付けや掃除はその入り交じった気持ちを整理することです。そして、今の自分のポジティブなオーラを、新たに付着させるオーラマーキング。重要なお祓いになります。

服についても同じことが言えます。嫌なことがあった日に着ていた服には、ネガティブなエナジーが残っていますから、早めに洗濯をしましょう。クリーニングにすぐに出せないときも、放置したままにせず、いったんはクローゼットに片付けて。

着ていた服をベッドに脱ぎ散らかしたまま寝る人もいるかもしれません。しかし嫌なことがあった日ならば、服についたエナジーをそのまま引きずって寝ることに。良い睡眠にはならないのは推して知るべし、です。

寝具の洗濯も重要です。とはいえベッドカバーやシーツなど大きな物を毎日洗濯するのは大変なので、週に1度ぐらいでもいいでしょう。そのかわり毎朝、ベッドメイキングを。整理整頓でオーラをひとまず整えましょう。

そして自分は毎日、入浴をして、付着したネガティブなエナジーを祓うのです。入浴はシャワーだけで済ませず、5分でもいいので湯船につかりましょう。**毛穴を開いて、汚れたエクトプラズムをデトックスするのがポイントです。**

運動で汗をかくのも効果的ですが、時間がなく、ストレスもたまっているという人は、ぜひ入浴などで積極的に毛穴を開きましょう。

肉体的にも冷えは大敵です。体を温めることは免疫力を上げるなど健康にもいいですし、体調を整えるためにも湯船につかることを習慣にしましょう。入浴は霊的、物質的、両面からのアプローチを実践する大切な方法です。

浴室には植物だけでなく、水晶などのストーンもぜひ置いてください。豊かなエナジーで自分を癒しましょう。ある程度の大きさがあって、肌に触れても痛くないように角が丸くなっているストーンならば、ツボ押しに使うのも効果的です。肉体的なコリを解消できるマッサージ効果があるだけでなく、ストーンのエナジーによるたましいのリラクゼーションになります。これも霊的、物質的、両極のアプローチです。

ちなみに、お風呂の残り湯で洗濯をする人もいらっしゃるでしょう。エコロジーのためにはいいことだと思いますが、水にもエナジーがあります。残り湯のエナジーを考えるならば、仕上げのすすぎは水道水をおすすめします。

お風呂場は自分を浄化する神聖な場所。心身を浄め、いいエナジーを吸収するために、常に清潔を心がけ、換気で新鮮な空気を入れて。また、キッチンやお風呂場など水まわりにも観葉植物を置くと、浄化とともに、良きエナジーの補給になります。

そもそも都会に住んでいる人ならば、それだけで自然に反した暮らしですから、ストレスを感じます。アスファルトばかりで土を見ない、植物にも触れないという生活ではエナジーも枯れてしまいがちです。

入浴で自らを浄化し、枯れたエナジーをフィトセラピーで補うということが、現代に生きる私たちには必要なことだと言えるでしょう。

その気持ちと念が相乗効果をもたらす

本書で紹介するさまざまな方法は、単なるハウツーとは少し違います。あなたの思いがエナジーを生み、行動につながり、それがお祓いとなる、つまりすべてつながっているのです。

なぜ私たちは部屋をきれいにし、花の一輪もテーブルに飾り、素敵なインテリアにしようと思うのでしょう。物を片付け、部屋を清潔に掃除することが心の掃除につながり、清らかな美しさを保つことが心の品位も保つと、たましいが知っているからなのです。教会にはステンドグラスや宗教音楽、お香など、清らかで美しいものがあります。寺社はいつもきれいに掃き清められ、ご詠歌やお線香など清らかで心地いいものがあります。そこに真・善・美があるのです。**たましいを浄化し、清らかな心にするために、清らかな物を使う。そして清らかな物を使うのだから、常に自分も清らかでいようと思う。この相乗効果が大事です。**

そういう意味では「形」というのはとても重要であり、物質からたましいへのアプローチは相乗効果をもたらす大切な要素なのです。

「トイレを掃除すると仕事がうまくいく」「トイレには神様がいる」といった言葉をき

っかけに、トイレを掃除するのはいいことだと思います。陰徳を積むという考え方には一理ありますし、目に見えないものへの敬いを持つのも大切です。

ただ残念ながら、トイレを掃除したご褒美で神様が御利益を与えてくれるのではありません。それでは神様と駆け引きすることになってしまいます。「○○をすれば神様が願いを叶《かな》えてくれる」といったことがまかり通るなら、それだけをしていればなんの努力も必要ないはず。そうではないことはおわかりでしょう。

大事なのは、トイレを通して自分のなかにある不浄を祓っていくという気持ち、念です。トイレで流す物は自分の排泄物ですが、それは自分の心の汚れ、許せない気持ちなど心の老廃物の投影。トイレを掃除してきれいにするということは、過去を許し、自分を許し、自分がこれまで歩いてきた過去の軌跡を掃除することにつながります。すっきりとした気持ちがオーラの輝きを変え、その良き波長によって仕事がうまくいったり、人間関係がよくなったりするのです。トイレは自己浄化のエナジーを高める場所であり、掃除は自分自身のお祓い。きれいに掃除したトイレに植物を飾れば、エナジーを高める相乗効果につながるでしょう。

また、キッチンの洗い桶《おけ》に水を張ったままにしたり、汚れた食器や鍋を置いたままにしておくのは、思いを貯めている証拠です。冷蔵庫の中に賞味期限切れの食品が残ったままになっているのは、計画性や決断力のなさの表れ。いずれも過去を引きずり明日に向かっていけない心、優柔不断さの映し出しです。嫌なことをすぐに忘れたいのであれば、ふだんから洗い物もサッと片付け、ダラダラしない生活にしていくことが必須です。スピリチュアルな視点で言えば、洗い桶に水を張ったままにしておくと、エナジーがよどみます。マイナスのエナジーがたまったままでは、当然、良きエナジーは生まれません。常にきれいにしておくことは、エナジー的にも重要なのです。

貯め込む生活は、気持ちもよどませます。ですからムダに物を持っている人は、悩みも多い。すべてはつながっています。「ちょっと散らかっているぐらいが落ち着く」と言う人がいますが、それは「ありのままでいい」という免罪符を持ち出すようなもの。厳しいようですが、たましいの成長を望んでいないのです。

今の自分に必要なもの、不必要なものを瞬時に取捨選択できる人は、人生で選択を迫られたときも瞬時に判断ができ、前へ、前へと進めます。掃除は人生の舵取りをするためのトレーニングであり、人生のピンチを乗り越えるための、自らのお祓いと心得ましょう。

物質界を通してたましいを見つめる

魔を跳ね返すために玄関に鏡を置いている方もいらっしゃるでしょうが、「これでもう大丈夫」と放ったままのケースも多いようです。玄関に置いた鏡も含め、他の場所にある鏡、化粧ポーチの中の手鏡まできれいに磨いていますか？

本当に意味を理解していないと、鏡をただの物としてしか扱えません。

鏡は古来より神秘の物。だから魔を跳ね返すのであり、マイナスなエナジーが入りやすい玄関に置くことをおすすめしています。ということは、家中の鏡すべてが神秘の鏡。それを理解していれば「どの鏡もきれいにしておこう」と思うはずです。

「鏡を置いているのにいいことがない」と思う前に、家中の鏡をいつも磨き、神聖なエナジーを高めて、お祓いオーラも強めていきましょう。

日々、掃除をしていたら悩んでいるヒマなどありません。テキパキと段取りよく時短を心がけないと、1日があっという間に終わってしまいます。逆を言えば、時短の暮らしができないのに、「自分の人生にいい変化が早く起きてくれないだろうか」と考えるのは、少々おこがましいと言えます。

すべては道理です。物質界を通して、自分のたましいを見つめる。相乗効果で自分を磨いていく。だから掃除も、洗濯も、入浴も、そして睡眠も大切なのです。

スピリチュアルな考え方を持っていても、物質界を否定することにはなりません。この世に無駄なものはひとつもないからです。「飲んでも飲まれるな」という言葉の通り、物質界に飲まれないよう、物質を上手に利用し、自分のたましいの向上と浄化、そして幸せにつないでいきましょう。

頑固さは禁物です。体の柔軟性とともに心にも柔軟性が必要。「自分が正しい」と頑なな人は、人からのアドバイスだけでなく霊界からのメッセージも受け入れないでしょう。こだわりが強すぎて視野が狭くなっては本末転倒です。

本書に書いてあるさまざまなアプローチの選択も同じ。「書いてあるからには全部やらないと幸せになれない」と思うのではなく、柔軟に選び取るものと考えましょう。**自分にとって人生のクオリティを高める生き方はどういうものか、そのために自分の一番の癒しは何かを考え、お祓いセラピーをその都度チョイスし、利用するのです。**フィトセラピーをはじめとするお祓いセラピーは、あなたの人生のクオリティを高めるオプショナルツアー。選ぶのはあなたです。

3 五感を通してたましいを癒す

お香を入れた匂い袋、教会に流れる聖歌、これらは香りや音の心地よさに加え、魔除けの意味があります。人は昔から五感（見る・聴く・嗅ぐ・触れる・食べる）を通して、自分を癒しながらお祓いも実践していたのです。前述のようにお寺でお香やその煙を体にすりつけることは、五感を通した癒しと浄化の体現であり、魔除けです。さらに嗅覚は憑依とそのお祓いに役立ちます。動物霊や未浄化霊はクサい臭いを放ちます。嗅覚でそれらの霊の憑依を確認し、聖なる香りのお香でお祓いができるのです。

身近な例なら温泉。硫黄など成分の香り、お湯の肌当たりや温度といった触感で癒しを感じます。水質によってはお湯の色を楽しむ、お湯が流れる音に浄化を感じるということも。飲める温泉というのもあって、体によい作用も期待できそうです。

心と体の声を聞くためには五感が大切。「気持ちよく過ごせているか」「何をすれば自分は心地いいか」という問いかけを心と体にし、たましいへアプローチしましょう。

例えば教会で行われる、お香を入れた壺を振り回して、煙を周囲に振りまくお祓い。香りという嗅覚への刺激に加え、壺の動きや煙が広がる光景を見ることがお祓いの念を強めます。このように**視覚からのアプローチは、お祓いの念に通じるほど、大切なものです。**

五感 見る

日常的に私たちが目にするのは色。色にはエナジーがあります。たましいは色のパワーも感じているので、カーテンや壁紙、クッションなどインテリアの色づかいは重要です。そして観葉植物や鉢植え、切り花などは、植物のエナジーに加えて、色のエナジーという意味でも癒しとお祓いをもたらしてくれます。赤い実や花のついた植物を玄関などに置くと、赤という強力な色のエナジーに植物のパワーが加わり、外からやってくるマイナスのエナジーをガードできます。

ポイントは目的に沿って、色のエナジーを使い分けること。活気が欲しいリビングには赤やオレンジなどが、落ち着きたい寝室にはグリーンや青などが、いいでしょう。受験生がいる家なら、頑張っているときは赤や黄色をメインに、でも勉強ばかりで疲れたときはグリーンをメインにと、臨機応変に変えてみて。

五感を通したアプローチでは、自分を活かすという目線が必要です。例えば元気になりたいからと赤い色のものばかりに囲まれては、色に埋もれて自分を活かせません。逆に疲れてしまうでしょう。

それよりも白、グレー、シルバーをベースにしたリビングに、赤いバラを一輪飾れば、赤がとても映えてエナジーを感じやすくなります。落ち着いた空間に身を置きながら、アクセントになる色が自分を鼓舞してくれるのです。

自分の気持ちよさを考えて、好きな色に囲まれた部屋というのもいいでしょう。その場合はリビングと寝室ではやはり過ごし方が違うので、色の使い分けはしましょう。また、ワンルームマンションなどではリビングと寝室が兼用になります。ベージュなど落ち着いた色でベースを作り、好きな色はアクセント的に使うなど工夫をしてみましょう。

気をつけたいのはエナジーのない黒。もし今の部屋が黒やダークグレーで揃えたインテリアならば、必ず赤や黄など、アクセントとなる色を加えてください。花や植物も置き、自然界にある色味とともに生のエナジーも取り入れましょう。

五感

聴く

かつて個人カウンセリングで、認知症の方への寄り添いに悩む相談者に「その方が昔、聴いていた懐かしい童謡を聴かせてみては?」とアドバイスしました。実際に聴かせてみたところ、認知症だった方の意識がはっきりして、とても喜んだそうです。今ではこうした方法は一般的になっていますが、当時、私は霊視で「その人が若い頃に聴いていた曲や懐かしい音楽を聴かせてみるといい」というメッセージを受け取り、相談者に伝えたのでした。病気があってもたましいは変わりません。聴覚からたましいへのアプローチが、癒しに役立ったのです。

音楽や音による癒しの効能はさまざまです。いくつか例を挙げましょう。

―疲れを感じているとき、睡眠前にリラックスしたいとき―

せせらぎや波の音、鳥の声など自然を感じる音を聴きましょう。特に水音は思いを流して浄化し、風の音は痛みを鎮めてくれます。風そのものの音は聞きにくいですが、風に吹かれて木々がざわめいたりする音で風を感じられます。CDなどでも本物の自然を録音したものを選んで。やはりエナジーの波動が違います。

ケアレスミスが多いとき、感情的なとき

呼吸が速く、荒くなっています。テンポが遅い曲を流してたましいを鎮め、冷静さを取り戻しましょう。落ち着いてくると集中力も高まります。ゆっくりしたクラシック曲のほか、水がぽたり、ぽたりと落ちる水琴窟の音もおすすめです。

鼓舞したいとき

「ここはひとつ、自分を鼓舞しなくちゃ！」というようなときにはアップテンポな曲を流して。運動会で徒競走のときにかけるような曲や、軍艦マーチなどは鼓舞系の曲です。

歌入りの曲の使い方

歌には言霊が宿っています。言葉に意識がひっぱられてしまうので、リラックスしたいとき、あるいは集中したいときは、歌入りの曲は避けたほうがいいでしょう。

一方で言霊のエナジーを利用して、歌を効果的に使う方法があります。例えば失恋したときにはあえて失恋ソングを。共感して泣いたあとはスッキリと気持ちをデトッ

クスできます。ただし自己憐憫《れんびん》に酔いしれすぎないよう、すぐに気持ちを切り替えて前を向きましょう。

ハッピーなポジティブソングは、自分がハッピーでポジティブなときに、それを盛り上げるつもりで流して。これも使い方は控えめに。あまり浸っていると現実世界の厳しさに直面したとき、「どうしてこの歌のようにうまくいかないの?」と不満が増す可能性大。今のポジティブさを、ほんの少し割り増しするぐらいのつもりで、ほどほどに使うのがコツです。

聖なる音楽の使い方

音霊のエナジーをお祓いとして使いましょう。なんとなく家の中がどんよりしている、家族みんなの雰囲気が重いというときは、歌のないインストゥルメンタルのクラシックや、グレゴリオ聖歌、アベマリア、ミサ曲といった聖なる音楽を流してみてください。きれいな音霊のエナジーがよどんだ気を流します。

ふだんからアベマリアなどを流していると、自分の気を清らかに高めることにつながります。ベクトルが上向きになって、聖なる音楽にふさわしい自分でいたいと思うのです。通勤中など、ぜひこまめに聴いてみて。

もし聖なる音楽になんとなく嫌悪感がある、イラつくときは、清らかさとは逆のほうへ自分のベクトルが向いている状態。愛の反対は無関心ですから、逆を言えば聖なるものに関心があるとも言えます。むりやり聴き続けなくてもいいですが、それでもできるだけ聖なる音楽を流す時間をつくってみてください。

また、聖なる音楽に涙したりするのは、たましいが自らのけがれを祓おうと聖なるものを欲しているのかもしれません。素直に受け入れましょう。

五感

嗅ぐ

嗅覚もまた、自分の記憶を呼び覚まします。認知症の改善に懐かしい香りが役立つそうですが、聴覚と同じことが言えるのでしょう。

元スポーツ選手を霊視したとき、修行僧だった前世が視《み》えました。その方は必ず香水をつけて試合に臨んでいたそうで「香りがあると守られている気がする」とおっしゃっていました。きっと前世の記憶から、香りがお祓いの意味を持つことをわかっていたのでしょう。いつの間にか選んでいる香りには、たましいのルーツがあるかもしれません。

嗅覚は脳への刺激がダイレクトなので、特に寝るときは強い香りは避けたほうがいいでしょう。香りが強いほうが、たましいがより癒されるというものでもありません。精油など天然のものは、植物としてのエナジーも強いですから、ささやかな香りでも十分癒されるはず。

強い香りをまとっていなければ気が済まない、逆に無臭にこだわるなど極端な場合は、心がバリアを求めているからかもしれません。あなたの根底に、人間不信や他を寄せ付けない頑なさがないか、己を見つめてみましょう。

五感

触れる

体に直接触れる寝具や衣服などの肌触り、温泉や、ハーブなどを入浴剤として入れたお湯の気持ちよさ、これも触感を通したたましいへのアプローチです。

また温泉ではなくとも、旅行に行った先の水に触れて、「ここの水は肌に合うな」と感じることもあるでしょう。久しぶりに帰郷したとき、生まれ育ってなじんだ水に触れて、安心するのもたましいに届いた癒しです。

そして大事にしてほしいのは、触感による自己ヒーリングです。

手当てというように、人には自分を癒すエナジーがあるのです。自らのパワーを侮ってはいけません。

入浴のときなど、自分の体を素手でマッサージしましょう。自分の体は、自分にとっていちばん大事なはず。意識して触れ、自分をいたわってください。毎日、触れていれば、ちょっとした体の変化にも気づけます。「足がむくんでいるな。ツボ押ししてみようか」と健康への意識が高まったり、「しこりがあるみたい。病院で診てもらおう」など、病気の早期発見もあるかもしれません。

五感

食べる

医食同源といった和漢薬の考え方でもわかるように、味覚、食べることと、癒やしや健康は切っても切れない関係です。スパイスをはじめとするハーブや野菜を食べることにはデトックスというお祓い効果があります。特にスパイスは、毛穴を開き、汚れたエクトプラズムを出す作用があるので、お祓い効果は抜群。お風呂などで毛穴を開くのと同様に、日常のお祓いとして活用しましょう。旬の食べ物には強いエナジーがありますので、ぜひ季節のものを上手に取り入れてください。「食べても美味しいと感じられない」「食べた気がしない」など、ネガティブな状態だと味覚や食欲は大きく低下します。**食べることにはたましいが映し出されるのです。日々の暮らし方や健康を含め、きちんと自分と向き合わなければ、体の声は聞こえてきません。**人によっては苦手な食べ物もあるでしょう。食べられるように工夫するのは大事でも、無理矢理では心地よさからは離れていきます。人生のクオリティということも忘れないでください。健康のために栄養を摂ることは必要でも、やはり美味しく食べるというのはとても大切なことです。食べたいものだけ食べればいいということではなく、何を体が欲しているかに意識を向けると、自分のたましいの変化にも気づきやすくなるはずです。

第2章

心と体の不調を祓う
ハーブと精油、フィトのパワー

第2章では心と体というカテゴリでさまざまな不調をピックアップし、その不調を祓うべくフィトセラピーによるアプローチを提案していきます。より実用的に、癒しを体感してみましょう。

ひとつの不調に対して、いくつかのハーブや精油、場合によってはその他の植物も紹介しています。体調に合わせ、心地いいと思うものを試してみてください。何が心地いいかは人それぞれです。合わないときは無理をせず中止しましょう。

自分が抱えている不調が複数あって、どの項目を読んだらいいか迷うときも、何を選ぶかは自由。例えば『眠れない』という不調であっても、「原因が『イライラ』にあるようだからそれを祓いたい」。あるいは「眠れないことによる『集中できない』ことのほうが重要だ」となるかもしれません。

自分で選び、自分で行うということが祓う念を強めます。そして不調があるときは、まず医療機関で診断と治療を受けることが基本だということも忘れないでください。

ハーブと精油、その他のフィトについて

不調に合わせて《ハーブ》《精油》《その他のフィト》のカテゴリで紹介しています。葉や花などを使うことが多い《ハーブ》は、多種多様なフィトケミカル成分(植物化学成分)を含みます。もちろん香り(芳香成分)も含まれていて、これらの成分による相乗効果が期待できます。ハーブティーなど飲食で使ったり、熱湯を注いで芳香を楽しむなど利用しやすいのが特徴です。

《精油》は、植物から揮発性の香り物質を抽出したフィトケミカル成分で、100%天然の香料です。例えば約3kgのバラの花びらからは1gほどの精油しかとれませんが、芳香成分が凝縮されています。使い方には注意点があり、精油を口に入れたり、原液を直接肌につけることはできません。次ページの注意事項もよく読んでから利用しましょう。

また、本書で紹介している《その他のフィト》(項目によってはない場合もあります)は、観葉植物として部屋に飾ったり、野菜や果物など食品として取り入れる植物です。フィトセラピーは植物全体をさまざまに活かす方法です。植物が持つ力を、ハーブや精油とは違った角度から活用する意味で参考にしてみてください。

ハーブや精油を使うときのQ&A

Q ハーブと精油はどちらがいいのでしょうか？

A　同じ植物でも、全体を使うハーブと芳香物質を抽出した精油では、使い方や作用も違ってきます。ハーブはマイルドな作用で、気軽に使えます。精油は使い方に注意が必要なものの、揮発性があるので香りをすぐに感じられます。ライフスタイルや気分などに合わせて、上手に選びましょう。

Q ハーブは食べたり飲んだりする以外にどう活用するのですか？

A　ハーブバスや芳香浴などがあります。ハーブバスはドライハーブを布袋などに包み、浴槽に入れる方法。洗面器にドライハーブと熱湯を入れて、時間をおいて適温に冷ましてから手首までつける手浴も手軽です。湯気に顔を近づけ、芳香成分を呼吸器から取り入れれば芳香浴に。飲食以外で使うときも、呼吸器や皮膚からハーブの成分が体内に浸透するので、必ず飲食できる状態のハーブを使いましょう。なお観賞用ハーブとして売られているものは、飾る以外では使えないので注意を。

Q 精油を使ったアロママッサージをしてみたいのですが注意点は？

A マッサージ効果に加え、皮膚から精油の成分を取り入れることによる効果も期待できます。ただし精油の原液は直接、肌につけることはできません。マッサージで使う場合は、必ずキャリアオイルと呼ばれる希釈用のオイルに混ぜます。キャリアオイルに対して、精油の濃度は1％以下にするのが基本です。肌が敏感な人やアレルギー体質の人のみならず、必ずパッチテストをしましょう。

Q 精油を手軽に使うにはどのような方法がありますか？

A 芳香浴が手軽です。精油を染み込ませる芳香器（素焼きのストーンやペンダントタイプ）や芳香拡散器（ディフューザー）などのグッズが利用しやすいでしょう。ハンカチやティッシュペーパーに1〜2滴、落としたり（シミにならないか目立たないところで試してから使いましょう）、マグカップや小皿（飲食用とは別のものを使い、誤飲を防ぐ）に熱めのお湯を入れ、精油を1〜3滴たらして、香りを拡散させても。洗面器に熱めのお湯を入れて、精油を1〜3滴加えてから、湯気を顔に当てるフェイシャルスチームもおすすめ。頭からタオルをかぶると、蒸気が逃げにくく効果的です。入浴用に使うときは、精油2〜5滴をお風呂のお湯に混ぜるのが手軽。キャリアオイルと混ぜたバスオイルやバスソルト（天然塩大さじ2に精油2〜5滴を混ぜる）を作るのもおすすめです。皮膚刺激の強い精油もあるので、必ずお店で相談し、少量から使ってみてください。

Q 巻末の索引に学名が表記されているものと、ないものがあるのはなぜ？

A 同じ名前の植物にもさまざまな種類がありま す。ハーブや精油では、種類が違うと成分や香りが異なる場合がありますので、索引では学名を表記しています。購入の際の参考にしましょう。

なお近年、精油は手軽に購入できるようになりましたが、なかには合成香料が混じっている商品なども売られており、注意が必要です。専門店で品質を確認し、良質なものを購入するようにしましょう。

《その他のフィト》で飾る観葉植物や、取り入れる野菜や果物は種類を限定する必要がないため、学名表記はありません。入手できた種類を活用しましょう。

注　意

本書で紹介しているハーブ、精油、その他の植物や野菜、果物は医療の代わりになるものではありません。また、必ずしもすべての方に当てはまるものではなく、効果については個人差があります。

精油を扱うときは火気に注意しましょう。製品の取り扱い説明書や注意事項を必ず読み、正しくお使いください。また、マッサージなどで希釈したものを使用する場合は、必ず事前にパッチテストを行ってください。パッチテストで問題がなくても、使用している途中で変化を感じる場合があります。異常が見られたときはすぐに使用を中止し、医療機関で診断を受けてください。

精油は乳幼児には使えません。また、妊娠中の方、高血圧の方、高齢者や既往症のある方、アレルギーのある方は、医師や専門家に相談してください。

セントジョーンズワートなど一部のハーブには、医薬品との相互作用があります。服薬中の方は、かならず医師に相談してください。

本書の著者、ならびに出版社は、本書を利用した際に生じた一切の損傷や負債をはじめ、そのほかの不利益について責任を負いかねます。あくまでも自己責任のもとご活用ください。使用方法に関する編集部への問い合わせはご遠慮ください。

1 心の不調を祓う

心の不調を抱えたあなたへ

人は自律し、孤高に生きることが大切だとわかっていても、心の不調があるとなかなか実践できません。不調にひきずられてしまうからです。

心の不調は、肉体と幽体の調和がとれていない表れです。シルバーコードがしっかりつながっていないのです。これから挙げるさまざまな不調は、まさしくその状態。

丹田（おへそから指3本分くらい下のあたり）は、シルバーコードがつながるところなので、この丹田をしっかり意識していくことが大切です。

姿勢が良くて、ハツラツとした声で「私、ネガティブなんです！」という人はいません。ネガティブな人は、たいてい姿勢が悪く、声も弱々しくなります。ふだんから丹田、おなかをしっかり意識して、背骨を立てるように姿勢を正すこと。すでにご紹介した脱力や呼吸法も、ぜひ行いましょう。

心の不調で挙がっている項目は、憑依を受けている人にも表れやすい不調です。

しかし「憑依は、憑く霊が悪いのではなく憑かれる自分が悪いのだから、自分が改善していかなければいけない」と思っても、不調があれば心もなかなか上向きません。だからこそハーブや精油を利用し、まずは不調を祓うというアクションを起こすのです。物質的なアプローチで、負のスパイラルに入り込んでいる自分をひとまず止めて、癒しましょう。

心が整ってくれば、霊性の向上を目指し、たましいの学びを深めていけます。憑依をはねのけ、悩みを自分で解決し、人間関係のゴタゴタに振り回されない強い自分になれるでしょう。今度はポジティブな波長を自らで放ち、幸せを引き寄せることもできるのです。

実は、憑依をされると血行が悪くなり、肩が凝りやすくなるという、肉体的不調も招いてしまいます。ということは、心の不調を祓い、憑依をなくせば、体の不調も改善されるかもしれません。

物質的、霊的、両方からのたましいへのアプローチは、さまざまな良き相乗効果となって、今度は正のスパイラルを生むこともできるはずです。

01 自信がない・弱気になる

一歩を踏み出す勇気が持てないときはポジティブな言葉さえ心に響かないもの。強壮効果のあるハーブやパワーのある香りで弱気の虫を追い払って。

スピリチュアル・アドバイス

過去の失敗を引きずっているとネガティブなエクトプラズムがたまり、心がこわばって弱気の原因に。入浴やスパイスで血流を良くし、毛穴を広げて。負のエクトプラズムを出すことが大切です。

ハーブ｜*Herb*｜

心身を活性化し、意欲を高めるハーブといえば**ローズマリー**。若返りのハーブとして有名です。細胞の酸化を防ぐ作用があり、ハーブティーの他、葉をそのまま料理に入れるのもおすすめです。**タイム**は古代ローマ人が勇気をもらい勝利を呼び込むためにお風呂に入れたそう。他に**コリアンダー**、**ハイビスカス**、**クローブ**もおすすめです。

精油｜*Essential oil*｜

「勇気の象徴」ともいわれる**タイム**を芳香浴で使ってみて。**パチュリ**は甘くスパイシーな香りで心を安定させ、疲労回復の効果も。ギリシャ神話のアキレスが傷を癒したことに由来する学名を持つ**ヤロウ**もおすすめ。ただし神経毒性のある成分を含むので長期使用は避け、ポイント的な使用に留めて。他に**イランイラン**、**オレンジ**もお試しを。

その他のフィト｜*Others*｜

「アフロディーテの神木」「祝福の木」という別名を持つ**マートル**は、ヨーロッパでは美や愛の象徴で喜びを運ぶ木とされています。成功や名誉の象徴とされる**ローレル**の他、**アジアンタム**、**セローム**もお守りとして飾ってみて。

Rosmarinus officinalis
ローズマリー

02 集中できない

注意力が落ちて考えがまとまらない、集中できないときは、スッキリとした香りでリフレッシュを。気持ちを発散させたあとは、落ち着いてきて、集中できるようになるでしょう。

スピリチュアル・アドバイス

集中するためには、まず良き睡眠が必要です。睡眠はたましいの作戦タイム。作戦タイムが充実していれば、目覚めたとき、集中してテキパキと行動できるのです。

ハーブ | *Herb* |

清涼感のある香りが特徴の**ペパーミント**は、リフレッシュしたいときのおすすめハーブ。同じミント系のスペアミントよりも鋭い香りです。葉の部分を生で、あるいは乾燥させて使え、幅広い用途があります。ビネガーに漬け込んで料理に、またクッキーに混ぜ込むなどお菓子づくりや、ハーブティーでどうぞ。**ローズマリー**の葉を料理で使うのもいいでしょう。

精油 | *Essential oil* |

記憶力を高める「脳の強壮剤」との別名がある**ローズマリー**の他、濃厚なバニラのような香りの**クローブ**、柑橘系の**グレープフルーツ**、イトスギの和名を持つ**サイプレス**も集中力アップに効果的です。香りを嗅ぎながら作業した人は、ミスが減ったという報告もある**レモン**もぜひ利用して。

その他のフィト | *Others* |

スッキリとした香りで空気の浄化作用がある**ユーカリ**を観葉植物として飾ってみてください。ユーカリは６００にも及ぶさまざまな種類がありますが、飾るならどの種類でもかまいません。

Mentha piperita
ペパーミント

03 眠れない

寝つけない、寝てもすぐに目が覚める、眠りが浅い。不眠のタイプや原因はいろいろ。「眠らなくちゃ」と焦ると余計に眠れなくなります。入浴やストレッチで心身の緊張をほぐして。パソコンやテレビは消し、部屋の灯りも落として、高ぶった気持ちを眠りモードへと誘いましょう。お気に入りの香りは、眠りの質を高めるのに役立ちます。

スピリチュアル・アドバイス

睡眠中は誰もが、たましいのふるさとへ里帰りします。作戦会議が行われ、スピリチュアルなサポートを得るのです。睡眠を整えることは良きサポートを受けるために必須。自分に合った睡眠時間や環境をしっかり見極め、良き睡眠にしましょう。

ハーブ | *Herb* |

ヒポクラテスの時代から不眠症に用いられた**バレリアン**。不安を和らげるとともに筋肉の緊張をゆるめる作用があり、安眠を誘います。抑うつからくる不眠や更年期に伴う寝汗に効果があるといわれる**セントジョーンズワート**や、副交感神経に作用して緊張を解く**リンデン**、**ホップ**、**オレンジフラワー**も心地よい眠りへ導く助けに。

精油 | *Essential oil* |

ストレス軽減に優れた**オレンジ**の精油は、さわやかでありながら、温かく包み込む力を持った香りで不眠にも効果を発揮します。特に興奮が冷めない、あるいは悲観的になって眠れない夜には芳香浴をしてみましょう。シトラス系の香りが好きな人は**ネロリ**も試してみて。自律神経を整える**ラベンダー**や、ホルモンバランスの乱れに作用する**ローマンカモミール**もぜひ使ってみましょう。

Valeriana officinalis
バレリアン

04 イライラする・怒りが収まらない

イライラが募る、怒りがなかなか収まらないときは呼吸も浅くなりがち。心を静める効果のある香りを用いながら深呼吸してみましょう。落ち着いてきたらイライラや怒りの原因と向き合って。

スピリチュアル・アドバイス

このような感情優位の状態は悪《あ》しき波長を放ち、よからぬトラブルを引き寄せます。感情を抑え、理性優位に導くようコントロールを。主従関係で言えば、常に主は理性だと心得て。

ハーブ ｜*Herb*｜

鎮静作用のある安らぎのハーブといえば**ジャーマンカモミール**。さまざまな症状に効果があるといわれる万能のハーブです。花を乾燥させたドライハーブを用いたミルクティーは精神安定にピッタリ。**オレンジフラワー**、**ローズ**、**レモンバーム**のハーブティーも、イライラを鎮めてくれます。

精油 ｜*Essential oil*｜

サンダルウッドの香りは興奮を鎮めます。怒りを抑えたいときは特におすすめ。**木曽ヒノキ**は深い安らぎをもたらす香りで、空間の浄化や抗菌作用を持つ物質も含まれています。**イランイラン**、**サイプレス**、**フランキンセンス**、**メリッサ**、**ラベンダー**の精油も活用してみて。

その他のフィト ｜*Others*｜

葉の模様から「虎の尾」と呼ばれる**サンセベリア**は空気の浄化作用があるエコ・プランツとして知られます。観葉植物として置き、さわやかな室内で心の浄化も図りましょう。かわいらしい花が特徴の**スミレ**は４５０種類以上もあり、入手しやすい園芸植物。イライラしたら可憐な花を眺めて。

Matricaria chamomilla
ジャーマンカモミール

05 ストレスを感じる

適度なストレスは日々の原動力にもなりますが、ため込むと免疫力の低下をはじめ、さまざまな不調を招きます。ストレスを感じたときは、できるだけすぐに解消をしてしまいましょう。

スピリチュアル・アドバイス

ストレスがある状態では幽体と肉体がズレやすくなります。腑《ふ》に落ちないことが多くなり、胃腸の不調も招きがち。良き睡眠をとり、胃腸を整え、シルバーコードで幽体と肉体をしっかりつないで。

ハーブ | *Herb* |

レモンバーベナのハーブティーは、フランスでは「イブニングティー」と呼ばれ、食後のリラックスタイムのお供として定番です。シトラス系のさわやかな香りがストレスを吹き飛ばしてくれます。月経前症候群(PMS)や不眠にも効果を発揮します。レモンバーベナと同じクマツヅラ科の**バーベイン**は、神経疲労の回復に役立ちます。

精油 | *Essential oil* |

明るく前向きな気持ちを引き出す**オレンジ**の香り。気分転換に最適なパワーのある香りで、特にストレスによる胃腸の不調や不眠に効果的です。他には穏やかな心へと導く**プチグレン**、**ベルガモット**、**ラベンダー**、免疫力アップにも働く**フランキンセンス**を活用してみて。

その他のフィト | *Others* |

ポトスや**ガーベラ**を飾りましょう。ポトスは生命力が強く、育てやすい観葉植物の優等生。日の当たりにくい浴室などでも元気に育ちます。色とりどりのガーベラの花からは、安らぎと元気をもらえるでしょう。両方とも空気中の化学物質の除去が期待できるので、家の中の浄化にも役立ちます。

Citrus sinensis
オレンジ

06 不安感がある

何となく不安な状態もあれば、不安の原因はわかっていても向き合う勇気が持てない場合も。あれこれ心配すると心がざわめき、いつしか興奮状態に。不眠にもつながるのでリラックスを心がけて。

スピリチュアル・アドバイス

不安や心配は心を配ることであり、波長が乱れている状態。その思い癖が消化不良や下痢にもつながります。乱れた波長を整えるにはたましいに働きかけるお祓いを。その基本は入浴です。入浴で毛穴を開き、血流もよくして体を温めて。汚れたエクトプラズムを出してしまいましょう。

ハーブ | *Herb* |

「セイヨウボダイジュ」という和名で知られる**リンデン**。葉と花を使ったハーブティーや、入浴剤として使うのがおすすめです。甘い香りが不安や興奮を静め、ヨーロッパのフィトセラピーでは高血圧や不眠にも用いられます。**セージ**や**タイム**は料理をはじめ活用範囲が広く使いやすいハーブです。

精油 | *Essential oil* |

冬至にユズ湯に入る風習がある日本ではおなじみの**ユズ**。血行促進作用があり、体のコリをほぐし、豊かな芳香が心と体をリラックスへと導きます。不安をときほぐす作用のある**イランイラン**、**ネロリ**の他、**フランキンセンス**の香りも、安らぎをもたらします。

その他のフィト | *Others* |

セロームを部屋に飾りましょう。手のひらを広げたような葉と、地中のみならず空気中にも根を出して他の木に張り付くこともあるという姿が特徴。粘り強く負けないその生命力に、勇気をもらえることでしょう。

Tilia europaea
リンデン

07 決断できない

古くから人は決断力を持ちたいと願ったのかもしれません。数々のエピソードとともに使い続けられてきたハーブや精油は、頭をスッキリさせて迷いを断ち切る助けになります。

スピリチュアル・アドバイス

「このままだとラクなのに」という小我※と、「相手のためにはこうしたほうがいいのに」という大我※のせめぎ合いが決断できない原因かも。自分と向き合い、いちばん良い道は何なのかを考える内観が必要です。

ハーブ | *Herb* |

ギリシャ時代、学生が試験会場に小枝を持っていったと言われる**ローズマリー**。古くから脳の働きを高めるハーブとして知られてきました。ローズマリーの名前は、聖母マリアが幼いキリストを連れてエジプトに逃れる途中、休息の際にマントを掛けた低木が由来。不変の愛と忠誠の象徴として「マリアのバラ(ローズ・オブ・マリー)」と、呼ばれたとか。料理にも幅広く使われるハーブです。

精油 | *Essential oil* |

精油の**タイムリナロール**の香りは甘くやさしいなかに、きりっとしたスパイシーさがあります。不安を和らげ、迷いがちな心に力をくれる香りです。また**フランキンセンス**は古来、神事に使われ、直感力や決断力にまつわる植物。**ジュニパー**と組み合わせて入浴に使うとスッキリします。旧約聖書に登場し「神聖な木」とされるシダーから作られる**シダーウッド**や、**ローズマリー**も活用を。

その他のフィト | *Others* |

力強さをイメージさせる植物、**アジュガ**、**サボテン**、**セローム**を観葉植物として育ててみましょう。

※小我とは自分を優先させる利己的な気持ち。大我とは相手を尊重する利他愛の気持ち。

心の不調を祓う

Thymus vulgaris ct.linalool
タイムリナロール

08 やる気が出ない

何もやる気がしないときは、お茶や料理などに使いやすいハーブで手軽に気分転換を。スッキリした香りが、意欲を取り戻すきっかけをくれます。体の疲労から無気力につながる場合もあるので、休養も忘れずに。精油の力も借りましょう。

スピリチュアル・アドバイス
やる気を出すにはたましいのエナジーを高める、すなわち丹田の力を高めること。血の巡りをよくし、お腹を温めて。深い呼吸が重要です。

ハーブ｜*Herb*｜
日本人になじみ深い**チャ**（茶）はグリーンティーやティーという名のハーブとして世界中で親しまれています。カフェインが含まれ、やる気アップにつながると同時に、鎮静作用のある成分も含むため穏やかな気持ちも保てます。やる気を引き出すハーブには、スパイシーなエスニック料理に欠かせない**コリアンダー**や**シナモン**、**タイム**など。どれも使いやすく入手もしやすいのでぜひ活用を。

精油｜*Essential oil*｜
脳の疲労をとる**サイプレス**は森林浴をしているような樹木の香り。フレッシュな香りの**ベルガモット**とブレンドした芳香浴が気分を上げてくれるでしょう。甘くスパイシーな香りの**カルダモン**は、脳を刺激しクリアにします。疲労回復にも効果的で、重い腰を上げるためのパワーをもらえそう。みずみずしい柑橘系の**オレンジ**も元気をくれます。

その他のフィト｜*Others*｜
アジアンタム、**アジュガ**、**ガジュマル**を飾りましょう。特にガジュマルは幹や枝から空気中に根を垂らす気根を持つのが特徴。貪欲に生きる姿に力をもらって。

Cupressus sempervirens
サイプレス

09 焦りを感じる

焦りだけが先走ると、迷路に入り込んだような状態に。あえて立ち止まる勇気を持つためにも、ひとまず心を落ち着けて。現実的に忙しくても、食事や入浴の時間は大切に。ハーブや精油でひと息ついて、心身のリズムを整えることが大切です。

スピリチュアル・アドバイス

〝その時〟ではないのに進もうとする、〝待てない心〟が焦りの原因のひとつ。それでは運命のテンポもずれて、「間が悪い」状態に。タイミングを見計らって、フェイントをかけるように立ち止まれる人になるためには、睡眠、入浴、呼吸を見直し、たましいのリズムを整えることがとても大切です。

ハーブ | *Herb* |

パッションフラワーは「天然の精神安定剤」として知られています。作用が穏やかなため、焦りから不眠を招くことがある更年期の女性にもおすすめ。料理に頻用される**オレガノ**、**セージ**、生で食用されることも多い**ディル**もぜひ試してみて。**オレンジフラワー**や**ラベンダー**もいいでしょう。

精油 | *Essential oil* |

心身のデトックスを促す**ジュニパー**、高ぶった気持ちを鎮める**メリッサ**、安息香という和名を持つ**ベンゾイン**、他に**サンダルウッド**や**ラベンダー**も、ゆったりと深い呼吸を誘う精油です。

その他のフィト | *Others* |

食用としておなじみの**ユズ**を観葉植物でも楽しんで。成長の遅いユズは実をつけるまで長い時間がかかります。「桃栗三年柿八年、柚の大馬鹿十八年」と言われるほど。その姿からは一歩一歩、地道に歩む励ましをもらえるでしょう。花ユズならば小ぶりなので植木鉢で飾れます。

Passiflora incarnata
パッションフラワー

10 モヤモヤする

心の中に霧が立ちこめたような鬱屈した気持ちがあると、何から始めていいかわからなくなるでしょう。自分の好きな香りを嗅いでみたり、芳香浴しながらの掃除もおすすめです。

スピリチュアル・アドバイス

考えすぎると脳もたましいも疲れます。軽い運動で血流を促すとともに、深い呼吸やリラックスを心がけ、さらには思い切って休む勇気も必要です。

ハーブ｜*Herb*｜

スペアミントはその殺菌作用とさっぱりした香りで古くから衛生用のハーブとして用いられてきました。清涼感がありガムなどでもおなじみですが、ペパーミントよりもやや甘い香りです。脳機能を高めるとされ、リフレッシュにぜひ使いたいハーブ。生で料理やお菓子に少量を添えるだけで、晴れやかな気分に。**ハイビスカス**のハーブティーは、パンチが効いた酸味と色で気持ちを明るくしてくれます。

精油｜*Essential oil*｜

さわやかな香りでおなじみの**レモン**。疲労感を防ぎ、頭脳を明晰にしてくれるのでモヤモヤ解消におすすめ。**プチグレン**や**マンダリン**もレモンと同じシトラス系で、気分をリフレッシュさせてくれる香りです。また、**ユーカリ**の葉からとれる精油はスーッとさわやかな香りが特徴。いずれも芳香浴がおすすめです。

その他のフィト｜*Others*｜

「幸福の木」として知られる観葉植物の**ドラセナ**を身近に置いてみて。空気中のホルムアルデヒドなど有害物質を除去する木としても有名で、部屋の空気も清浄に保ってくれます。

Mentha spicata
スペアミント

11

疑り深い・ひがみやすい

人を信じられなかったり、ついひがんでしまったり。そんな自分がイヤで余計に落ち込んでしまうことも。ハーブティーや芳香浴などを楽しみながら、こわばった心を解きほぐして。

スピリチュアル・アドバイス

疑り深さやひがみの裏にあるのは、実は依存心です。自分に依存心がないか、じっくりと心のなかを見つめてみましょう。依存心は幸せを遠ざける要素と心得て。

ハーブ | *Herb* |

プリムラは英名でプリムローズと呼ばれますが、ローズとは無関係。和名の西洋サクラソウのほうが花のイメージをつかみやすいでしょう。かわいらしい花ですが、主に使うのは根の部分で、乾燥させたものをハーブティーにするのが一般的です。他に青リンゴを思わせる香りの**ジャーマンカモミール**も、安心感を与えてくれます。

精油 | *Essential oil* |

樹木の香りが特徴の**ジュニパー**。森林浴をしているかのような気分を味わい、内向きになっている心の解放を。レモンバームの名もある**メリッサ**は、人間不信というデリケートな心の状態を整えてくれる精油。大量の葉からほんのわずかな精油しかとれないため、高価で貴重です。

その他のフィト | *Others* |

古代ギリシャでは**アイビー**の冠をつけると善悪を見分ける力がつくと言われていたそう。また、**バジル**は愛のシンボルとしての伝説が多い植物。こうした植物の他、多くの人から愛される**ローズ**の切り花を飾ってみましょう。

Primula veris
プリムラ

12 いじわるな気持ちになる

つい嫌味を言ったり、素直になれないときは、心を温めるように、植物のやさしさに触れましょう。ささやかな癒しからやさしい心を取り戻して。

スピリチュアル・アドバイス

幸せな人はいじわるしません。いじわるな心を招く原因のひとつは寂しさ。己の寂しさを知ることはとても重要です。自分と向き合いながら、気持ちいいと思うことをしてたましいを癒しましょう。

ハーブ ｜*Herb*｜

素直になりたい心をサポートするのは、**エルダーフラワー**。薬効豊かなクリーム色の花を乾燥させて使います。マスカットに似た香りを持ち、ヨーロッパやアメリカ先住民の間では神聖視されているハーブです。熱めのハーブティーが、やさしい心へと導いてくれます。他のハーブでは、**ジャーマンカモミール**や**プリムラ**もおすすめ。

精油 ｜*Essential oil*｜

明るく穏やかな気持ちを引き出す**ベルガモット**は、心の不調の強い味方です。心の不調から消化不良や不眠などを招くことがよくありますが、ベルガモットはそれらの体の不調にも効果が期待できます。温かみのある香りの**スイートマジョラム**、幸福感をもたらす**ローズオットー**も。

その他のフィト ｜*Others*｜

幸せのシンボルとされる四つ葉の**クローバー**を見ていると幸福感とともに、感謝の気持ちも湧いてくるような気がします。園芸店などでは四つ葉が発生しやすいクローバーも入手可能です。空気の浄化能力がある**サンセベリア**を寝室に置くと、良い睡眠をもたらし心の疲れも癒します。

Citrus bergamia
ベルガモット

13 孤独を感じる

ちょっぴりの寂しさから心がどこまでも落ち込んでいくような絶望まで、振り幅の大きい孤独感。孤独に振り回されるのではなく、ひとりの時間を楽しめるよう、上手にコントロールしましょう。

スピリチュアル・アドバイス

依存心があると孤独を感じます。大切なのは〝孤高〟。自立と自律で孤高な生き方を目指して。

ハーブ | *Herb* |

寂しさで眠れない夜は**オレンジフラワー**のハーブティーをどうぞ。開花前のオレンジの花のつぼみを乾燥させたハーブで、心の疲労を和らげ、リラックス効果があります。ちなみに同じ学名を持つ精油のネロリはオレンジフラワーを蒸留して作ったものです。**アンジェリカ**は更年期にありがちな気分の落ち込みに効果的です。**クローブ**や**タイム**を料理で使ってみるのもいいでしょう。

精油 | *Essential oil* |

悲しさや虚しさを伴った孤独感には**ローズオットー**や**メリッサ**のほか、感情のバランスを整え、心にゆとりをもたらす**ジャスミン**を。ジャスミンは「香りの女王」と呼ばれる豊かな甘い香りで、幸せな気持ちにしてくれます。さわやかなフローラル系の香りが特徴の**ネロリ**もどうぞ。

その他のフィト | *Others* |

生の花でも十分に香り高い**ジャスミン**は、キリストが十字架にかけられたとき、悲しみに耐えながら咲き続けたという伝説がある花。力強く咲く花たちからは生きる力をもらえそう。高い空気浄化能力を持つ**ガーベラ**は、色とりどりの花で部屋に明るさを与えてくれます。幸福がキーワードの**ドラセナ**や**コチョウラン**もぜひ。

Rosa damascena
ローズオットー

14 情緒が不安定

カッとなったかと思えば、ちょっとしたことで泣きたくなったり、落ち込んだりなど感情の起伏が激しくなるのは、自律神経やホルモンバランスが乱れているからかも。生活のリズムを整えるなど見直しを。更年期障害などでも表れやすい不調なので肉体的なチェックも忘れずに。

スピリチュアル・アドバイス
丹田を意識した呼吸法が何より大事！　卵オーラ法(36ページ)を毎日行い、ゆらぎのないたましいへと導いていきましょう。

ハーブ | *Herb* |
セントジョーンズワートはうつにも効果があることで注目されているハーブで、明るさを取り戻すことから「サンシャインハーブ」と呼ばれています。ハーブティーでゆっくりいただくと、後ろ向きな感情もいつの間にか消えて落ち着くでしょう。なお、一部の医薬品との相互作用があるので、服用中の薬がある場合は専門家に相談を。女性のホルモンバランスの乱れを整えるハーブには**サフラン**や**セージ**もあります。入手しやすいので料理などにもぜひ使って。

精油 | *Essential oil* |
プチグレンは心を解きほぐす精油です。「小さな粒」という意味で、オレンジの未熟な実から抽出したことに由来しますが、現在は葉と枝から抽出します(ちなみに同じ種類のオレンジの花から作る精油はネロリです)。古くから女性の悲嘆を癒し、幸福感を与えてくれる**ローズオットー**、日本の針葉樹「高野槇」から作られ、鎮静と緩和の作用がある**コウヤマキ**もおすすめ。どちらも香り高く、心の平穏をもたらします。

Hypericum perforatum
セントジョーンズワート

15 トラウマがある

トラウマと向き合うには、まず自分を癒すことが大切。内側から癒し、冷静になれる自分を取り戻して。傷ついたこともプラスに変えていける強い自分になれるよう、力を蓄えましょう。

スピリチュアル・アドバイス

トラウマをバネにして飛躍する人もいるように、トラウマが悪いという先入観はＮＧです。過去の出来事に身構えていませんか？　たましいを一度、リラックスさせ、肩の力を抜きましょう。

ハーブ | *Herb* |

リラックス効果のあるハーブでは代表格の**ラベンダー**をぜひ活用しましょう。自律神経に働きかけ、生体リズムを整える作用があります。ダージリンティーと合わせたラベンダーのハーブティーは飲みやすくおすすめ。乳製品とも相性がいいので、料理やお菓子にも加えてみて。「逆境に負けない」という花言葉を持つ**ジャーマンカモミール**の鎮静作用も役立ちます。

精油 | *Essential oil* |

清涼感のある**ラヴィンサラ**は精神的ダメージを癒すのに効果的な精油です。レモンに似た香りに繊細な甘さが加わった**メリッサ**も、心に落ち着きを取り戻させてくれます。**ベルガモット**を入れたお風呂で、ゆったりした時間を過ごせば心身ともに癒されるでしょう。

その他のフィト | *Others* |

強い生命力の**サボテン**からは、どんな逆境にも負けない勇気をもらえそう。いろいろな種類があるので、好みのものを飾って。高温多湿を好む**アジアンタム**は、ぜひ浴室に飾りましょう。癒しの空間が作れます。

Lavandula angustifolia / officinalis
ラベンダー

16 人の目が気になる・神経過敏

人が自分をどう思うのか気になるなど、周囲の言動に神経質になってしまうと、心が疲弊します。だんだんと追い詰められて、体に不調が現れることも。心と体を癒したら、視野が狭くなっていないか、自分を見つめることも大事です。

スピリチュアル・アドバイス

人の目が気になる人は空気を読みます。人生には小休止も必要です。自分が空気を読みすぎていると感じたら、人と離れる時間を持ってみましょう。

ハーブ | *Herb* |

古くからメディカルハーブとして使われてきたという歴史がある**レモンバーム**。緊張やパニックなどを鎮める作用があり、神経性の胃炎や食欲不振にも用いられます。レモンバームのハーブから抽出する精油がメリッサで、ハーブもメリッサと呼ぶ場合があります。過敏になった神経を鎮める**ラベンダー**は、入浴に使ってみましょう。良い眠りを誘います。神経が高ぶって疲れたときは、**ジャーマンカモミール**を試してみて。

精油 | *Essential oil* |

メリッサは心の不調によく使われますが、頭痛や生理痛、胃痛などにも効果的です。神経過敏の影響から、体の不調が出るときも利用してみて。ローズを思わせるフローラル系と、さわやかなシトラス系が混じり合う香りが特徴の**パルマローザ**は、心だけでなく体のバリア機能もアップします。心の熱を冷まし、安定した精神状態へと導いていく**ベチバー**もおすすめです。他の精油とのブレンドに使うと香りがまとまる特徴があります。他にも**サンダルウッド**、**ベンゾイン**、**マンダリン**など、好みで選んでみましょう。

心の不調を祓う

Melissa officinalis
レモンバーム／メリッサ

17 執着する

忘れられないことがある。どうしても止めたいのに止められない。物事への執着というのは心が囚《とら》われた状態です。心の緊張を解き、自律神経のバランスを整えていくことが大切です。

スピリチュアル・アドバイス

執着は不幸の元と言っても過言ではありません。ここで大事なのは〝笑い〟というお祓い。滑稽な自分を笑えるという視点が、執着を解き放つきっかけとなります。

ハーブ｜*Herb*｜

ジャーマンカモミールや**パッションフラワー**と**レモンバーベナ**のブレンドティーがおすすめです。どちらも就寝前に飲んでみて。**ラベンダー**は囚われた心を解放し、安眠を誘います。手浴や足浴などハーブバスにも使いやすいハーブなので、日常的に取り入れてみて。

精油｜*Essential oil*｜

物事への執着を断つ手助けとなるのが、**サンダルウッド**です。聖なる香りとしてインドなどで古くから使われ、伝統医学でも用いられています。瞑想の香りとも言われ、心身のバランスを整えてくれます。精神を安定させ、怒りを鎮める作用もあります。ティッシュペーパーやハンカチに精油を一滴たらし、香りを楽しみながら深呼吸すると落ち着きます。ほかに**スイートマジョラム**、**フランキンセンス**なども活用してみて。**ラベンダー**は精油もおすすめで、自律神経の調整をはかってくれます。

その他のフィト｜*Others*｜

こだわりを捨て、広い視野を持てるよう、**ユーカリ**を観葉植物として飾りましょう。

心の不調を祓う

Santalum album
サンダルウッド

18 人と接するのが苦手

苦手意識が強まると、肩に力が入ります。人と相対する緊張から呼吸が苦しくなる人も。ストレッチをして体をほぐしたり、お風呂でゆっくりしてみて。リラックスできるように整えた部屋で、好きな香りとともに過ごすと深呼吸もしやすくなります。

スピリチュアル・アドバイス

たましいの緊張をほぐす呼吸のお祓いをぜひ行いましょう。卵オーラ法(36ページ)に加え、簡単お祓い法(立ったまま丹田に両手をあて、息を一瞬止めて、口から思い切り吐く)も役立ちます。

ハーブ | *Herb* |

ハーブを、存分に活用しましょう。**ジャーマンカモミール**と**ラベンダー**の2大癒し系ハーブを、存分に活用しましょう。ジャーマンカモミールは、ピーターラビットの童話にもハーブティーとして登場。心を静めるハーブとして世界中に知れ渡っています。ラベンダーの語源は洗うという意味のラワーレ。緊張感を洗い流すようなつもりで入浴や手浴などに用いてみましょう。

精油 | *Essential oil* |

抑うつや不安といった心の不調に役立つのが**マンダリン**。人と接するときの緊張を取り除くのに適した精油です。スキンケアや、便秘、消化不良の改善にも用いられます。入浴に利用してみて。他に**メリッサ**や、日本生まれの精油、**コウヤマキ**もおすすめです。

その他のフィト | *Others* |

豊かな人間関係と繁栄をもたらすといわれる**アイビー**や、素朴ながら愛らしい**クローバー**を眺めながら、心のゆとりを取り戻しましょう。

Citrus reticulata
マンダリン

19 素直になれない

感謝はあるのに「ありがとう」が言えない。甘えたいのに強がる。素直になれない心は頑固さの表れ。視野が狭くなっていませんか？　マッサージをしたり、体を温めたりして頑なな心を解放して。

スピリチュアル・アドバイス

人はもともと素直なもの。その自然なたましいの姿を取り戻すためには、自然と触れあうのがいいきっかけとなります。土や水に触れ、自分が自然に生きる存在であることを思い出しましょう。

ハーブ｜*Herb*｜

精神安定のハーブ、**ジャーマンカモミール**を使ったお菓子はいかが？　体を温める作用もあるのでゼリーなど冷たいお菓子に入れても必要以上に体を冷やしません。癒しのハーブ、**ラベンダー**はガーデニングにも適しています。病害虫除けの効果もあるので、他の植物と一緒に育てるのもOK。育てる喜びが幸福感を増し、心をほぐします。

精油｜*Essential oil*｜

古代エジプトではその高い防腐効果から、ミイラ作りに利用されたというシダー。シダーから作られる精油が**シダーウッド**です。鎮痛・緩和の作用があるとともに、リンパの流れをよくし、収れん作用も。マッサージに使うと心も体も解放されそうです。緊張を緩め、ストレスを軽減する**月桃**もおすすめ。スキンケアにも使われる日本生まれの精油です。

その他のフィト｜*Others*｜

環境にすぐなじむ素直な**ベゴニア**を観葉植物として置いてみて。手をかけると一年中、花を咲かせます。**ガーベラ**や愛のシンボルと言われる**バジル**を観賞用に飾るのもおすすめです。

Cedrus atlantica
シダーウッド

2 体の不調を祓う

体の不調を抱えたあなたへ

スピリチュアルな視点から見ると、体の不調にはたましいからのメッセージが表れていると考えられます。「今までの生活習慣や考え方の癖を見直して、軌道修正しましょう」という意味が、込められていたりするのです。もちろん、「こういう考え方をしている人は、必ずこのような不調が出る」とは限りませんが、自分を振り返るきっかけにすれば、あなたはもっと人生を前向きにとらえることができるでしょう。

では、たましいからのメッセージとは、具体的にどういうことでしょう。

例えば、鼻づまりになりやすい人は、「素直になれずつい反抗的な態度をとったり、拗《す》ねていませんか？　ねじまげて受け取らず、素直に受け止めましょう」というメッセージがあるかもしれません。喉や口に不調のある人は、「悪しき言霊を言っていませんか？」というメッセージかも。もしも人を傷つけるような悪口、自分を卑下するようなネガティブな言葉、不平不満やグチなどがあるならば、良き言霊を心がけましょう。喉や鼻も含め呼吸器全般が不調な人は、嫉妬深さがあったり、「こうでなければ」という気持ちが強い場合があります。すると世の中に対して、「どうしてこんな世の中なんだろう」と息苦しさを感じてしまうことも。「そんなに厳しくとらえず、世の中に対して、また相手も、自分も許しましょう」というメッセージがあるかもしれないと、考えてみてください。

これらは一例で、他のメッセージも考えられます。「じゃあ、自分の不調にはどんなメッセージがあるの？」と、答え合わせしたくなるかもしれませんが、実は自分を知っているのは自分です。「こういう癖や欠点が自分にはあるな」というのは、だいたいわかるのではないでしょうか。「癖も欠点もない」と思っている人も、見て見ぬふりをしている可能性大。たましいはそんなあなたに気づいてほしくて、さまざまなメッセージを送っているはずです。

ハーブや精油を用いて心地よさを感じながら、自分を振り返るきっかけにしましょう。不調を祓うと、素直に自分を見つめる余裕も出てくるはずです。

01 免疫力低下

季節に関係なく風邪をひきやすいときなどは、免疫力が低下しているのかも。疲れがたまっていると免疫力も下がります。小さなサインを見逃さず、その都度、疲労回復をしていきましょう。睡眠や食事を十分にとり、入浴で体を温めながら、免疫力を上げる生活を目指すことが大切です。

スピリチュアル・アドバイス

ポイントは睡眠と食。特に食ではパワーフードを積極的に摂《と》りましょう。パワーフードとは自然の恵みを受け、エナジーを蓄えた食材のこと。体のみならずたましいにとっても滋養豊かです。免疫力低下には、大地と太陽のエナジーを存分に蓄えた米や、浄化の海で育つ貝類がおすすめです。

ハーブ | *Herb* |

免疫機能を活発にする作用がある**エキナセア**がおすすめです。医療現場でも使われるハーブで、治りにくい傷に用いられることも。抗ウイルス作用があるため、風邪気味のときは温かいハーブティーでどうぞ。抗酸化作用のある**セージ**の他、代謝を高める**ハイビスカス**とビタミンCが豊富な**ローズヒップ**のブレンドもいいでしょう。

精油 | *Essential oil* |

ティートゥリー、**ラベンダー**、**ユーカリ**が免疫力アップの助けになります。ティートゥリーは病後の回復期にもおすすめです。

その他のフィト | *Others* |

免疫力を高める**マイタケ**を食べましょう。香りが良く、食物繊維が豊富な体にいい食材として知られていますが、免疫を活発にする作用や抗がん作用があるとされています。また血糖値を下げたり、脂質異常症を改善する効果もある注目の食材です。

Echinacea angustifolia
エキナセア

02 疲労感がある

疲労が慢性的になると、次第に疲れていることにさえ気づけなくなり、体が悲鳴をあげることも。楽しいことを楽しいと感じられないなど、心の不調も招きがちです。無理は禁物。その日の疲れはその日にとることを心がけましょう。

スピリチュアル・アドバイス

パワーフードでたましいにチャージを。春から初夏にかけて大きく育つ豆はパワーの塊。消化が良く体が温まるスープでどうぞ。他に貝や、大地のエナジーたっぷりのじゃがいもなどを使った、パワーフードづくしのクラムチャウダーもおすすめ。

ハーブ | *Herb* |

中国で気を高めるハーブとして知られる**エゾウコギ**、ヨーロッパでメディカルハーブとして歴史がある**オート**。どちらも病後の疲労回復や滋養強壮に効果的です。ハーブティーでどうぞ。**ダンディライオン**は疲労でダメージを受けた肝臓を強くするハーブ。お茶でおなじみの**マテ**や**ルイボス**、**ハイビスカス**もおすすめです。

精油 | *Essential oil* |

日常の疲れを癒す**クロモジ**は、入浴に使ってみてはいかがでしょう。たまった疲れにはキャリアオイルに**ローマンカモミール**や**ローズマリー**を希釈したアロマトリートメントオイルでマッサージを。リラックス度がアップします。他に**ティートゥリー**の芳香浴も試してみましょう。

その他のフィト | *Others* |

ショウガ、**タマネギ**、**ニラ**、**ニンニク**、**ネギ**は、いずれも疲労回復や活力増強に役立つ、栄養価の高い野菜です。他の食材と一緒に食べることで栄養の吸収を助けてくれる相乗効果もあります。

Acanthopanax senticosus
エゾウコギ

03 のぼせ

上半身がほてったり、首から上がカーッと熱くなったりするのぼせ。熱いからといって、体を冷やすのはちょっと待って。よく観察すると上半身は熱いのに、下半身は冷えている場合があります。更年期障害の症状としてよく挙げられるように、ホルモンバランスが乱れて、自律神経に影響していることも考えられます。のぼせると気持ちも興奮気味になり、不安になったり、焦りが出たりしがちです。気持ちを落ち着けるようなハーブや、ホルモンを調整する作用のある精油を取り入れるといいでしょう。

スピリチュアル・アドバイス

「思い上がる」というように、心ののぼせは体にも現れることがあります。うぬぼれや傲慢がないか、謙虚に自分を見つめてみましょう。自然のエナジーたっぷりの温泉で毛穴を開き、エクトプラズムの代謝を促進させながら、自律神経を整えるのも効果的です。

ハーブ | *Herb* |

セージをいろいろな料理に使ってみましょう。肉料理との相性は抜群です。またドイツの保健機関ではセージの使用を認めており、更年期ののぼせや寝汗に役立ちます。ハーブティーは、**ローズヒップ**とのブレンドでどうぞ。冷まして飲むとすっきりします。

精油 | *Essential oil* |

クラリセージや**ローズオットー**は、ホルモン調整の精油として知られます。キャリアオイルに精油を希釈して混ぜ、アロママッサージをしてみてください。2つを組み合わせて使ってもいいでしょう。不安を解消し、陶酔感をもたらしてくれる香りが特徴の**イランイラン**も、ぜひ活用しましょう。

04 頭重感

頭が重く感じる状態を放っておくと、頭痛につながるので早めの対処が大切。目の使い過ぎや、首や肩のコリも原因のひとつ。血流をよくするよう心がけてみて。パソコンなどを長時間使うときは、途中休憩をこまめにとりましょう。目を休めてマッサージしたり、同じ姿勢を続けないようストレッチを。精油やハーブの力を借りながらリフレッシュし、ストレスを解消していきましょう。

スピリチュアル・アドバイス

心配し過ぎや考え過ぎで思考がオーバーヒートすると頭痛につながります。緻密なことは悪くありませんが、行き過ぎは禁物。ときには心や時間の流れに委ね、たましいに余裕をもたせましょう。

ハーブ | *Herb* |

頭が重くてぼんやりするときは、爽快な香りを持つ**ペパーミント**をハーブティーでどうぞ。ℓ-メントールの鋭い香りが脳を刺激し、活性化します。古代ギリシャの時代から偏頭痛を和らげるハーブとして用いられてきた**フィーバーフュー**は、注目のハーブ。痛みの兆しを感じたら早めに使うといいでしょう。万能のハーブ、**ジャーマンカモミール**もおすすめです。

精油 | *Essential oil* |

スイートマジョラムや**ラベンダー**は、筋肉の緊張をほぐします。キャリアオイルに希釈して混ぜたアロマトリートメントオイルで首の後ろをマッサージすると、血流もよくなりいっそう効果的です。パソコンなどを長時間使っていると意外と腕が疲れ、肩や首の血流も悪くなります。ハンドマッサージもぜひ取り入れましょう。**フランキンセンス**はストレスを緩和してくれるので、リフレッシュに最適。芳香浴で使ってみてはいかがでしょうか。

05 熱っぽい

たとえ原因がわかっていたとしても、熱っぽさは不快なもの。少しでもその不快感を和らげるために、心地よい香りや穏やかな作用のハーブを利用しましょう。

スピリチュアル・アドバイス

何ごとにも熱しやすい一面がありませんか？　自分の思いがヒートアップしたり、感情的になっていないか、見つめ直しを。冷静さを取り戻すために、自然の水を飲むのもいいでしょう。

ハーブ｜*Herb*｜

エルダーフラワーは古くから「万能の薬箱」と呼ばれているハーブです。ヨーロッパでは風邪やインフルエンザの予防としても人気。発汗や利尿を促す作用があり、ハーブティーがよく飲まれています。糖度の高いシロップに漬け込んで、ハーブの成分を溶出させたコーディアルと呼ばれるイギリスの伝統的な飲み物がありますが、エルダーフラワーのコーディアルは日本でも入手可能。甘味による安心感も心身を癒してくれます。他に「ビタミンCの爆弾」との異名があるほどビタミンCが豊富な**ローズヒップ**は、熱で失われたビタミンCの補給に。熱を冷ます**キャットニップ**や炎症を緩和する**ボリジ**は生の葉や花をスープに散らしてみて。

精油｜*Essential oil*｜

心身を軽やかにしてくれるのは日本生まれの精油たち。鎮静・抗菌作用がある**北海道モミ**はさわやかな香り。北海道のトドマツから生まれた精油で、その鎮静作用から肩こりや筋肉痛にも使われます。**青森ヒバ**の精油はおがくずから抽出されます。抗菌作用があり、上品で癒される香りです。

※北海道モミは株式会社フプの森の登録商標です。

Sambucus nigra
エルダーフラワー

06 目の疲れ

パソコンなどの画面から発するブルーライトの影響や、ドライアイなども原因となる目の疲れは、現代人に多い体の不調。照明が明るすぎたり、逆に暗すぎたり、あるいは老眼や視力の低下に伴って眼鏡が合わないということも疲れを引き起こしているのかもしれません。生活習慣や環境、体のメンテナンスを含め、幅広く見直してみましょう。

スピリチュアル・アドバイス

ものごとを注意深く見ようとしない人は、目のトラブルが起きがちですが、真実を見つめることに懸命になり過ぎると、今度は目が疲れる場合も。真実を見つめる心の姿勢はいいことですから、疲れを癒す時間を積極的に持ってコントロールを。

ハーブ | *Herb* |

目に良いとされる色素、アントシアニンを含む**ビルベリー**、**マロウブルー**、**ハイビスカス**は、眼精疲労に効果的です。ビルベリーはブルーベリーの仲間。ブルーベリーと表記されているサプリメント類ではビルベリーが使われていることも多いようです。果実の内部まで濃い赤紫色で「色の濃いベリー」が名前の由来。乾燥させた果実をお茶にしたり、そのまま食べたりします。マロウブルーは別名ウスベニアオイ。鮮やかな紫の花を乾燥させたハーブティーがおなじみ。このお茶にレモンを加えるとピンクに変わる特徴があり、目でも楽しめます。疲労回復に良い植物酸を含むハイビスカスも、色鮮やかなハーブティーが人気。

精油 | *Essential oil* |

自律神経が乱れると涙の分泌にも影響が出て、ドライアイの原因に。応用範囲が広く、あらゆるストレス解消におすすめの万能精油**ラベンダー**や、**ローズオットー**で安らぎを。

Vaccinium myrtillus
ビルベリー

07 花粉症

体内に入った異物を攻撃する免疫システムは、健康を維持するのに欠かせません。ところがそれが過剰なアレルギー反応となってしまうと花粉症などの不快な症状に変わります。くしゃみや鼻水、目のかゆみなど、人によって症状はさまざまです。自律神経を整えながら、症状を緩和させていくのがいいでしょう。

スピリチュアル・アドバイス

たましいが、「この世が合わない」と感じるとアレルギー症状が出やすくなります。自分らしく生きることの意味を考えてみましょう。世の中の流行に流されず、「いらないものはいらない」と、自分の意思を貫く姿勢も大事です。

ハーブ | *Herb* |

ドイツでは**ネトル**のハーブティーをアレルギー予防に飲みます。特に春先はアレルギーを起こしやすいので、集中的に飲んでデトックスする習慣があります。ネトルはビタミンやミネラルを豊富に含み、その相乗効果で血液浄化の作用があると言われています。抹茶のような風味なので、ドライハーブをそのまま料理に使ってもいいでしょう。抗アレルギー作用のある**エルダーフラワー**もぜひ使ってみて。さわやかな香りの**ペパーミント**とのブレンドが喉や鼻のつまりを和らげ、不快感を取り除いてくれます。

精油 | *Essential oil* |

症状が辛いときは抗菌、消炎作用があり、粘膜への刺激が少ない**ティートゥリー**の芳香浴がおすすめです。**ユーカリ**を使って、掃除をするのもいいでしょう。室内からホコリや花粉を一掃しつつ、シャキッとしたユーカリの香りが、空間も浄化してくれるでしょう。

Urtica dioica
ネトル

08 咳・喉の不調

気管支に炎症などのトラブルがあると、咳《せき》や、喉の痛みといった不調が現れることがあります。抗菌作用や、炎症を鎮静化する働きのあるハーブや精油を利用してみましょう。咳が止まらないと体力を消耗しますし、喉に痛みがあると食事も進みません。低下した免疫力の改善も大事です。ほこりっぽくても咳が出ますので、掃除もこまめに。

スピリチュアル・アドバイス

言いたいことが言えない一方で、つい余計なことを言ってしまう、両極端な態度をとっていませんか？ 自分を振り返り、相手に不快な言葉を言ってしまったときは謝る素直さを持ちましょう。

ハーブ | *Herb* |

喉の粘膜の炎症を和らげる**ハイビスカス**は、**ローズヒップ**とのブレンドティーがさわやかな酸味で、ビタミンCの補給も可能です。体力が落ちてきたときにも役立ちます。スパイスとしておなじみの**オレガノ**はハーブティーでもおすすめで、咳に効果的です。喉の粘膜を整える**ローズ**、咳を鎮め、痰を切る作用のある**タイム**もぜひ試してみて。

精油 | *Essential oil* |

ユーカリは気管支炎など呼吸器の不調改善に効果的な精油です。また**ティートゥリー**は強い抗菌、抗ウイルス作用があり、粘膜にやさしいうえ、免疫力を高めます。ユーカリやティートゥリーの芳香浴で喉をいたわって。**ニアウリ**はティートゥリーの仲間。優れた抗菌力で古くから万能薬として重宝されています。キャリアオイルにティートゥリーとともに希釈して混ぜ、デコルテをマッサージするといいでしょう。

09 鼻づまり

慢性的な鼻づまりは嗅覚のみならず味覚にも影響を与えます。さらには集中力の低下、睡眠不足、鼻呼吸ができないことによる喉への影響も招きかねません。適切なケアが大切です。スパイシーな香りでリフレッシュしてみてはいかがでしょう。

スピリチュアル・アドバイス

まるで「フン、いいもん！」と鼻を鳴らすように、すぐにいじけたり、拗ねたりしていませんか？ そんな心の癖を改めるよう、鼻のトラブルでたましいは教えてくれているのかもしれません。

ハーブ | *Herb* |

憂鬱な気分を吹き飛ばしてくれる**タイム**は、呼吸器系のトラブルに効果を発揮するハーブ。料理用では記録されている最古のハーブのひとつで、加熱しても香りが弱まらないパワフルさがあります。

西洋ハッカの和名を持つ**ペパーミント**は、シャープで強い香りが特徴。どちらもガーデニングに向いたハーブで、虫が嫌う香りという共通点があります。そのため家庭菜園で一緒に育てると、虫除けになるという利点も。可憐な花が咲くタイムは開花前が最もパワーが強い時期。自分で育てたフレッシュなハーブティーでのパワーアップもおすすめです。

精油 | *Essential oil* |

ユーカリは古くからオーストラリアの先住民、アボリジニが万能薬として用いてきました。多くの種類があるユーカリですが、精油に使われるものは抗菌作用や空気の浄化作用があり、スーッとした心地よい香りが人気です。スキンケアやヘアケア、虫除けなどにも用いられます。鼻づまりには、マグカップに精油を垂らした芳香浴で。**ペパーミント**や**ティートゥリー**もおすすめです。

10 口内炎

口の中に水ぶくれができたり、赤くなったりと、粘膜に炎症が起きる口内炎。原因はいろいろですがストレスや疲労、ビタミンやミネラル不足も考えられます。皮膚や粘膜を健やかに保つにはビタミンBが欠かせません。さらに亜鉛が不足すると味覚障害も招きます。食生活を見直して、栄養バランスを整えていきましょう。

スピリチュアル・アドバイス

口は災いの元というように、「言葉の使い方を見直しましょう」というメッセージがあるかもしれません。悪口や愚痴、相手を傷つけるような言葉を言っていないか、注意深く見直して。

ハーブ | *Herb* |

消炎作用のある**エキナセア**を使ってみましょう。北米の先住民が最も大切にしたハーブで、抗菌、抗ウイルス、免疫アップの作用があります。**タイム**や**ペパーミント**のハーブティーでも、うがいをしてみて。抗菌作用と清涼感があるので、口内の菌の繁殖を抑える効果が期待できます。**セージ**はメディカルハーブとして古代ギリシャの時代から使われてきました。抗菌、抗ウイルス作用があるので、口内炎にはハーブティーによるうがいを。シソ科タンニンが粘膜の炎症を緩和します。

精油 | *Essential oil* |

ミルラはその昔、遺体の防腐や保存に使われ、ミイラの語源になったともいわれるほど抗菌作用に優れた精油。薬用歯磨きの成分としても用いられます。ぴりっとした独特な香りが心をほぐします。**ティートゥリー**や**ラベンダー**もおすすめ。キャリアオイルに混ぜて塗布してみて。

Commiphora myrrha
ミルラ

11 めまい

目の前がグルグルと回ったり、足元がふわふわしたり。その原因は自律神経に関わるものから、何かしらの疾患があるものまで多岐にわたりますので、自己判断は禁物です。医療機関での治療に影響のない範囲で、ハーブや精油の力も借りてみてはいかがでしょうか。

スピリチュアル・アドバイス

論理的に考えられず、パニックになったようにぐるぐると思考が回ってしまうことはないでしょうか？　落ち着いて、人の話を聞くことから始めてみて。聞く耳を持たない頑固さがないかも再考を。

ハーブ | *Herb* |

内耳に水が溜まると、めまいを引き起こすことがあります。**リンデン**は鎮静、発汗、利尿の働きを持つハーブ。体内の余分な水分を排出する助けとなるでしょう。ハーブティーや入浴で使ってみて。甘い香りが心身の緊張も和らげてくれるはず。和名はセイヨウボダイジュです。他には**レモングラス**も試す価値あり。タイ料理に使われ、レモンに似た香りはリフレッシュに最適。デトックス効果も期待できます。

精油 | *Essential oil* |

ネロリはオレンジフラワーを蒸留して作られた精油です。興奮と鎮静のバランスをとるため、深いリラックス感の中にも心の明るさを保つことができます。めまいで不安が高まったときに、シトラス系の香りが爽やかさを与えてくれると同時に、フローラル系の香りの優しさが心に安定をもたらしてくれます。甘くやさしいローズに似た香りの**ゼラニウム**は自律神経を整え、更年期障害からくるめまいに効果的。他にリンパの流れをよくする**シダーウッド**もお試しを。

Citrus aurantium
ネロリ

12 月経痛・PMS

PMSは月経前症候群ともいわれ、月経の始まる前、1週間ぐらいに起きる不快な症状を指します。頭痛や腰痛、腹痛、むくみ、イライラなど多岐にわたり、女性ホルモンの分泌の変化が関わると考えられています。月経が始まってからの痛みである月経痛も含め、症状に個人差が大きいのが特徴。症状緩和には体を温めることも大切です。

スピリチュアル・アドバイス

女性特有の不調は血の道ともいわれます。スピリチュアルな視点でのキーワードは女性らしさや血縁。自分の親と、あるいは子どもとの関係がうまくいっているかなども振り返ってみましょう。

ハーブ | *Herb* |

ラズベリーリーフはラズベリーの葉のハーブ。ハーブティーは昔から「安産のお茶」と呼ばれ、子宮や骨盤まわりの筋肉を整えると考えられています。体を温め、糖分を控えることはPMS症状の改善に良いので、ホット&ノンシュガーのハーブティーはおすすめ。南アフリカ特産の**ルイボス**は冷え対策におすすめ。季節を問わず飲みたいところです。**ジャーマンカモミール**は生理痛にも効果的です。ハーブティーだけではなく、入浴用に使い、手浴、足浴など、手軽な方法で試してみて。

精油 | *Essential oil* |

リラックス効果の高い**オレンジ**や**ラベンダー**の温湿布がおすすめ。心身の緊張を緩める**イランイラン**、**クラリセージ**、**フランキンセンス**や疲れを癒す**ローマンカモミール**、**クロモジ**もいいでしょう。特にホルモン分泌を調整する精油として有名なクラリセージは、月経痛やPMSの強い味方。ただし強い鎮静効果があるので、集中したいときは不向き。車の運転時や飲酒時も使用は避けて。

Rubus idaeus
ラズベリーリーフ

13 肌荒れ

乾燥やホルモンバランスの乱れ、ストレス、食生活や睡眠の質も肌に影響します。新陳代謝を促して肌の再生を目指したり、皮膚細胞を活性化するためには内面からのケアも欠かせません。ホルモンバランスを整えるのにハーブや精油を活用し、生活全体を見直していきましょう。

スピリチュアル・アドバイス

肌が合わないというように、何か自分に合わないことがあるのかも。「たくさん寝ないとダメなのに睡眠時間が短い」といったことから人間関係、仕事に至るまで自分に合っているか見直しましょう。

ハーブ | *Herb* |

カレンデュラはマリーゴールドとも呼ばれます。しかし食用に適さない園芸品種が多いため、ハーブとして利用するときは、学名のカレンデュラを使って区別します。きれいなオレンジ色の花びらを乾燥させたものを、食用菊のように使うこともできます。この色は皮膚や粘膜の修復と保護に働くカロチノイド色素によるもので、油と一緒に摂ると吸収がアップ。サラダにそのまま散らすなど、丸ごと食べるのが効果的です。他のハーブでは**ジャーマンカモミール**や**ラベンダー**の癒し効果も利用しましょう。心身の浄化を目指し、トラブルに負けない肌へと導いて。

精油 | *Essential oil* |

クロモジは古くから日本に自生する植物です。黒い斑点が葉にできるのが名前の由来といわれ、精油は葉や枝から抽出されます。ストレスを癒すリラックス作用のある香りで、抗菌作用も期待できます。**ゼラニウム**は皮脂バランスを整え、乾燥肌からオイリー肌まで幅広く使える優秀な精油です。**ティートゥリー**や**ラベンダー**もおすすめ。

Calendula officinalis
カレンデュラ

14 冷え

手足が冷たくて眠れない人もいる一方で、冷えを自覚していない人も少なくありません。筋肉量の低下、自律神経の乱れも冷えの原因になります。

スピリチュアル・アドバイス

心の冷えは体にも現れます。人に思いやりをかけていない、あるいは人からかけられた思いやりに自分が気づいていない可能性も。コミュニケーションの大切さ、人の温かさやありがたみを少しでも感じながら、感謝を持って生きましょう。

ハーブ｜*Herb*｜

パエリアやブイヤベースの美しい黄金色は、**サフラン**が持つ天然の色素によるもの。ハーブとしては、花の中央にある柱頭というめしべの先端部分を使います。5本程度の柱頭を熱湯で抽出して作るハーブティーは、きれいな黄金色。血行促進作用があり、冷え性の改善に。更年期の自律神経の乱れも整える女性にうれしいハーブです。甘くスパイシーな香りを持つ**カルダモン**はカレーをはじめ広く料理に使われ、血行を促進し、体を温めてくれます。その他では**ローズマリー**、お菓子や飲み物に甘い香りを添える**シナモン**もどうぞ。

精油｜*Essential oil*｜

ローズマリーの精油をキャリアオイルに希釈してマッサージに。ふくらはぎを中心に行うと全身の血行を促進する作用があります。柑橘系の香りの代表、**オレンジ**は体を温める香りで血行をよくします。入浴に使ってみて。

その他のフィト｜*Others*｜

ショウガを料理に使って積極的に摂りましょう。心臓の力を強くし、血液を全身に送って体を温める作用があります。

Crocus sativus
サフラン

15 便秘・下痢・お腹の張り

腸内環境を整えるとともに、お腹の緊張をゆるめ、腸の動きを活性化しましょう。入浴にハーブや精油を使って体を温めるのも効果的です。

スピリチュアル・アドバイス

不満を消化できず「なんて不幸なんだろう」と思っていませんか？　なぜ消化できないのか、受け入れられないのか、という視点を持ってみて。

ハーブ | *Herb* |

フェンネルは消化促進を助けるハーブ。魚料理との相性は抜群で、他にもサラダなどに香草として使われます。腸内環境の改善にいい**ダンディライオン**とのブレンドティーや、胃腸の味方、**ペパーミント**とのブレンドティーもおすすめ。他に腸内環境を整えるハーブには**ハイビスカス**や**オレガノ**、**ルイボス**も。**ローズ**は便秘にも下痢にも有効です。

精油 | *Essential oil* |

キャリアオイルに**オレンジ**や**スイートマジョラム**の精油を希釈したアロマトリートメントオイルで、お腹をマッサージしましょう。心身をリラックスさせ、緊張をゆるめることができます。

その他のフィト | *Others* |

食物繊維が豊富な**アボカド**、**ゴボウ**、**ルバーブ**を食べましょう。アボカドは多様な栄養素を豊富に含みます。脂質も多いですがその60％以上はコレステロールを調整するオレイン酸です。ゴボウはビフィズス菌などの善玉菌を増やし、腸内環境を整えます。鮮やかな赤色のルバーブは、カルシウムを多く含む野菜ですが、最近はジャムでおなじみ。生薬である大黄の仲間で、便秘に対してゆるやかに作用します。

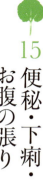

Foeniculum vulgare
フェンネル

16 むくみ

余分な塩分や水分の排出を心がけ、体を温めて血行をよくして。むくみが慢性化しないよう、日頃から運動をし、代謝を上げましょう。

スピリチュアル・アドバイス

心配性で何かにつけて保険をかける傾向があると、思考がむくみのようにたまってしまいます。リンパや血流を流すように、妄想や無駄な考えを流して。必要な準備はしながらも、「あとはなったときに考えよう」と切り替えることが大切です。

ハーブ | *Herb* |

日本ではスギナと呼ばれる**ホーステール**。ゆるやかな利尿剤として、古くから用いられてきました。ハーブティーの他、葉や茎を乾燥させたものをパウダー状にして少量を乳製品に加えたりしてもよいでしょう。他にもセロリの種である**セロリシード**や**シェパーズパース**(ナズナ)も利尿作用があり、**ネトル**のデトックス力、**マテ**や**ルイボス**の代謝促進パワーも役立ちます。

精油 | *Essential oil* |

血流やリンパの滞りを改善してくれる**サイプレス**、余分な水分や老廃物を排出させる作用のある**ジュニパー**。キャリアオイルに希釈して混ぜたアロマトリートメントオイルで手や足のマッサージを。入浴に使うのもおすすめです。

その他のフィト | *Others* |

余分な塩分や水分を排出する作用のある栄養素、カリウムを野菜や果物から補給しましょう。つぼみの一部を野菜として食べる**アーティチョーク**や、**ピーマン**、**バナナ**、**リンゴ**のほか、**ワカメ**や**ナッツ**類などがおすすめです。お酒を飲み過ぎるとカリウムを消費しますので気をつけて。

Equisetum arvense
ホーステール

17 胃もたれ

暴飲暴食が胃もたれの直接の原因だとしても、間接的な原因はストレスやホルモンバランスの乱れかもしれません。消化を助けながら、胃腸の働きや自律神経も整えることが大切です。

スピリチュアル・アドバイス

どんな人に対しても「こんな人とはやっていられない！」と不満が出る、「対人もたれ」とも言うべき状態が体に表れているのかも。元にあるのは自分の頑固さです。頑なさは被害妄想、そして人間不信を招きます。落ち着きを取り戻し、人を受け入れる穏やかさを持つよう心がけて。

ハーブ | *Herb* |

胃腸を整えるハーブは、**オレガノ**、**ダンディライオン**、**ディル**、**フェンネル**、**ペパーミント**をはじめ豊富にあります。特にストレスによる胃の不調には**ジャーマンカモミール**と**ペパーミント**のブレンドティーを。毎食後など、一日のなかで数回に分けて飲むといいでしょう。他には整腸作用のある**キャラウエイシード**、消化不良を改善し、血糖値やコレステロール値を下げることで注目されている**フェヌグリーク**も。どちらも乾燥させた種子を使用し、スパイスとして料理に用いられます。さわやかな香りの**サンショウ**や**シソ**は、日本でも薬味として用いられるハーブ。シソは抗菌や防腐の作用で知られますが、葉を乾燥させたものには健胃作用があります。サンショウの香りは胃の働きを活発にする働きがあります。

精油 | *Essential oil* |

心地よく感じる精油での芳香浴は、消化を促してくれます。**スイートマジョラム**は自律神経のバランスを整え、胃の不快感を和らげます。**ペパーミント**は神経性の胃腸の不調に効果的です。

18 食欲不振

悩みごとがあると交感神経が活発になりがちです。すると胃酸が分泌されにくくなり、胃腸の働きが落ち、食欲不振へとつながるのです。リラックスと食欲はとても関係があります。またカフェインは食欲を抑える作用があるので、コーヒーや紅茶などは飲み過ぎないように。

スピリチュアル・アドバイス

人間不信など、人の気持ちが受け入れられなくなると、食べられなくなります。それはつまり、生きる気力もないということ。行き過ぎれば心臓の働きにも影響しかねません。食は生きることに直結するからです。その重要さを再認識しましょう。

ハーブ | *Herb* |

ベルベーヌとも呼ばれる**レモンバーベナ**は消化促進作用のあるハーブ。上品なレモン系の香りでリラックス効果があるので、気持ちを落ち着かせてくれるでしょう。**タイム**や**スイートバジル**は食欲増進のハーブで、料理でもよく使われます。酸味のある**ハイビスカス**とスッキリした**ペパーミント**のブレンドティーは、胃腸の働きを促進するのでぜひ試してみて。**チャイブ**や**コリアンダー**といった香草を料理に取り入れるのもいいでしょう。

精油 | *Essential oil* |

オレンジ、**フランキンセンス**、**ラベンダー**の精油で芳香浴を楽しんで。心を温め、副交感神経を優位にすることで、胃腸の働きを整えていきます。

その他のフィト | *Others* |

料理にアクセントとなるスパイスを加えてみましょう。**クミンシード**や**カルダモン**はカレーに使われるスパイスで食欲を刺激します。ホールタイプのほか、粉末もありますので手軽に使ってみて。

19 食欲過多

心身の疲れを癒し、ストレスを減らすことは食欲を抑えるのに役立ちます。運動や入浴で代謝を上げながら、ストレスを発散するのも効果的です。空腹時に白湯を飲むと、胃が落ち着いて食欲が抑えられるので試してみて。カフェインも食欲を抑えますが、コーヒーなどの飲み過ぎは注意を。

スピリチュアル・アドバイス

人と関わることに積極的になるのはいいですが、貪欲すぎれば人疲れしてしまいます。そのストレスをたましいが解消しようと、食欲に表れる場合があるのです。何ごとも過ぎたるは及ばざるがごとし。バランス感覚を身につけることを心がけて。

ハーブ | *Herb* |

マテは南米に生息する植物で、古くからお茶に用いられていました。マテ茶にはカフェインのほか、カルシウムや鉄分、ビタミンが含まれていて「飲むサラダ」といわれています。脂肪燃焼を促す作用や、空腹感を抑制する作用があるので、マテ茶はダイエットの味方になります。**ジャーマンカモミール**はミルクティーで飲んでみて。食前に飲むと、心が落ち着くと同時に胃の粘膜を保護してくれます。**ペパーミント**は胃腸だけでなく肝臓や胆のうの働きを助けます。うっかり食べ過ぎて、胃がつらいときはペパーミントティーで緩和を。

精油 | *Essential oil* |

「食べたい！」という気持ちが湧いたときは、イライラや緊張を抑えるべく**グレープフルーツ**、**ラベンダー**、**ローズマリー**の芳香浴を。グレープフルーツは交感神経を活性化して体脂肪燃焼を促し、食欲調整に役立ちます。ハンカチやティッシュペーパーに精油を染み込ませて持ち歩くと、よい香りのお守りになります。

第3章

たましいの自己治癒力を高めるお祓いフィトセラピー

1 たましいを癒すお祓いの処方箋

例えば、新しい部屋に引っ越したけれど、「この部屋、ちょっと嫌な感じがする」などと感じたことはないでしょうか？　さらにその原因が明確ではない、あるいは原因はあるが「今さらどうにもできない」というケースも。そんなときは誰かに「祓ってもらおう」と頼るのではなく、自分で祓いましょう。

これから取り上げるのは、生きていれば出会うかもしれないちょっと困った状況や、気になる物、場所などに対する、お祓いハーブなどを用いた具体的なお祓い。さらなるたましいの癒しと浄化へ、あなたを導くお祓いの処方箋です。ちょっぴり気持ち悪い。なんとなく落ち着かない。そんなザワザワした気持ちをスッキリ祓い、心丈夫に生きるためのたましいの処方箋でもあります。

これまで同様、自分に合うお祓いを選ぶとともに、既に挙げたしきみ香でのお祓いや呼吸法なども、もちろん役立ちますので読み返してみてください。念を強め、より強固なバリアを自らでつくり、たましいの自己治癒力を高めていきましょう。

事故現場

家の近所で交通事故や事件などが起きてしまうと、現場処理が終わって、きれいに片付けられたとしても、なんとなく心が落ち着かないもの。もちろん自分のせいではなくても、誰かの思いがそこに残っているのではないかと考えがちです。

現場が自宅の敷地内にかかっているならその場でお祓いを。自宅以外の敷地では勝手に行わず、現場に近い自宅の敷地内の一角でお祓いをすればＯＫです。

お祓いの処方箋

◆海水由来の天然塩で盛り塩をし、その上からサンダルウッド（またはフランキンセンス、ミルラ、木曽ヒノキ）の精油を1滴たらす。あれば、セージ（またはスイートバジル、セントジョーンズワート）の葉を数枚、盛り塩の周囲に散らすとなおよい。

居心地の悪い部屋

引っ越し先の部屋の居心地が悪いと感じることがあります。原因はわからないが気がよどんでいる、その部屋にいると気持ちが沈みがちになる、なんとなく壁に人の顔のようなものが見える、といったケースも。一方で原因が思い当たる場合もあります。例えば前の住人が自殺（あるいは自殺未遂）したとあとから聞き、落ち着かない。引っ越し後に夫婦仲が悪くなったが、前の住人が離婚したと聞き不安になった。その部屋で病死した人がいて、なんとなく使いづらいといったことも。原因のあるなしに関わらず、よどんだ気を一新する部屋の浄化には、自らの掃除によってすがすがしいオーラを付着させるオーラマーキングがおすすめです。

お祓いの処方箋

◆水にユーカリ（またはペパーミント）の精油を数滴、加えて混ぜた掃除水を作る。この掃除水を使って、雑巾がけをしたり、掃除用ワイパーなどにスプレーして、高いところの掃除を。掃除後、ホワイトセージのハーブを飾るとなおよい。

※掃除水にクエン酸や重曹などを加えても可。

お隣の嫌な気配

例えば住んでいるアパートの隣り合う部屋で自殺者が出たり、事件が起きたりすると、自分の部屋ではないだけに、悶々《もんもん》とした気持ちだけが残ります。

集合住宅、戸建て、いずれの場合も自宅にいながら、気になるお隣に近い場所でお祓いをしましょう。

お祓いの処方箋

◆ホーステールのハーブと海水由来の天然塩をダシ取り用パックに入れる。それを熱湯に加え、適温に冷まして掃除水を作る。掃除水に雑巾を浸し、絞ってからお隣に面する部屋の壁などを拭き掃除する。

◆玄関や、お隣と近い窓辺に、園芸用のゼラニウム(花の色は赤がおすすめ)を飾る。

結界

現実的な防犯対策をしたうえで、さらに家のまわりの守りのオーラを強固にしたいときがあります。誰かが勝手に敷地内に入った形跡がある。近所で空き巣や放火があった。家の近くに変質者や不審者が出た。ご近所にトラブルメーカーがいる。子どもや年寄りがひとりで留守番することが多い。このような場合も、ネガティブな念が我が家に向けられないように予防しておきたいものです。そんなときは家のまわりに結界を張りましょう。マンションなどで建物周囲の敷地に立ち入れない場合は無理せず、できるお祓いを選びましょう。

お祓いの処方箋

◆庭やベランダにニームやヤツデを植える（鉢植えでも可）。
◆玄関に南天を植える（福寿草とペアならなおよい。いずれも鉢植えでも可）。
◆チャイブを家の周囲に植える。花が咲いたらリースにして飾ってもよい。
◆家のまわりに酒をまく。

他人の嫌な念

家に来た人に嫌な言葉を言われたり、会社でいじわるされたりすると、自分に向けられた他人の嫌な念を祓いたくなります。昔ならばその場で「塩まいて！」と言いたくなるような状況には、入浴による自らのお祓いを。湯船に浸かり、毛穴から汚れたエクトプラズムを出して、その日のネガティブな念をすべて祓ってしまいましょう。

お祓いの処方箋

◆ラベンダーのハーブと海水由来の天然塩を混ぜてバスソルトを作る（多めに作り、瓶などに入れて保存可能）。ダシ取り用パックにバスソルト適量を入れたものを湯船に加え、入浴する。

水晶

水晶はネガティブなエナジーを吸収する、フィルターのような役目を果たします。そのためお守りとして持っていた透明な水晶が濁ってきたような気がしたり、ブレスレットが切れたりすると、負のエナジーを吸収したせいかもと、気になります。そんなときは、役立ってくれた水晶に感謝し、浄化しましょう。

お祓いの処方箋

◆ホワイトセージのドライハーブを焚《た》く。立ち上る煙に水晶をかざし、反時計回りに回しながら煙をあてる（お祓いするときは反時計回りに、念を込めるときは時計回りに回す。回す向きで意味が違うので注意する）。

※火を使う場合は取り扱いに注意する。

車

中古で買った車が、もしかしたら事故車だったのではないか。車を運転していて、故意ではなくとも動物を轢《ひ》いてしまった。気になるけれど、車を買い換えるわけにもいかず、どうしていいかわからない場合は、車を浄化しましょう。

お祓いの処方箋

◆ペパーミント（またはユーカリ、ローズマリー）の精油をティッシュペーパーなどに染みこませたものを車内に置く。

◆水にフランキンセンスの精油を数滴加えたものをスプレーボトルに入れ、よく混ぜてから、タイヤなど気になるところにかける。

切ってしまった木

古くからある庭木を切ったことによる祟《たた》りを恐れる人は少なくありません。樹木には自然霊が宿っています。やむなく切るときは、目に見えないものへの敬いを持って、今までの感謝とともに切らなくてはならないお詫びを伝える礼節が重要です。それなしに切ってしまった場合は、あとからでもお詫びと感謝を。そして「祓えばいい」という考えではなく、樹木の命をつなぎ育てる自然の営みを忘れないことが大切です。

お祓いの処方箋

◆命をつなぐために、切った木の枝で挿し木をしたり、新しい木や苗を植える。

形見の品・リサイクル品・いただき物

物には思いが宿ります。たとえ大切な人の形見であっても、その人の思いが品物に残っていると思うと、なかなか自分にはなじまないことも。他にも誰がどういう状況で使っていたか、どんな事情で手放したかわからないリサイクル品。お土産でもらった民族色の強いお面や人形、思いを込めて描かれた絵など。前の持ち主や制作者の思いがこもっていると感じる場合もあります。ジュエリー、骨董、着物、洋服、人形、本、家具などの品物に宿った思いは浄化してから、保管したり、使ったりしましょう。

お祓いの処方箋

◆ホワイトセージ（またはローレル）のハーブをダシ取り用パックなどに入れ、品物と一緒に置いておく。

財布

お金はさまざまな人の手を渡り、ときにはトラブルの元となります。お金という物質にも念は宿りますが、もちろんお金自体に罪はなく、使う人の念が問題なだけ。ならばお金を入れる財布ごと、念を浄化し、清らかなお金にしましょう。落とした財布が戻ってきたけれど、何となく縁起が悪いような気がするときのお祓いにも効果的です。

お祓いの処方箋
◆フェンネルシード（またはローズマリーの葉）を財布に入れておく。

寝具・パジャマ・下着

病気や出産などで入院中、あるいは自宅療養中のときは、寝具やパジャマ、下着などの邪気を祓い、癒しをもたらすお祓いを。介護や看病する人も一緒に気持ちよくなれるお祓いです。回復後に同じ物を使う場合も、このお祓いで気持ちを切り替えて。

お祓いの処方箋
◆ベルガモット（またはフランキンセンスやネロリ）の精油を1〜2滴、寝具の隅やパジャマの襟の裏など目立たないところにつける。

※精油を布に染みこませる場合はシミになる場合がありますので、目立たないところに使用することをおすすめします。

写真

心霊写真かどうかわからないが、変な物が写っている。思い出の写真ではあるけれど、別れたパートナーなどイヤだなと思う人が一緒に写っている。撮影場所が事故現場だと、あとから知った。このような気になるプリント写真や、写真を保存している携帯電話を浄めるお祓いです。

お祓いの処方箋

◆ヨモギのドライハーブとプリント写真を一緒に焼いてお焚き上げする。

◆セージ（またはセントジョーンズワート、ヨモギ）のハーブで濃いめのハーブティーを入れ、それにタオルを浸す。固く絞って、携帯電話をサッと拭く。

※火を使う場合は取り扱いに注意する。

邪気

背中にはスピリチュアルなエナジーの出入り口となるツボ、神座《しんざ》と霊台《れいだい》（両肩甲骨を結ぶ線の中央、上下5㎝のあたり）があります。邪気を祓い、身を護るにはここを温めることが大切です。植物のエナジーをいただきながら、温湿布でパワーアップを。

お祓いの処方箋

◆洗面器にフェンネルシードとアーティチョークのハーブを入れ、熱湯を注ぐ。細く畳んだタオルの両端を持って、湯に浸し、絞る。心地よい温度に冷めたら、神座と霊台にあてる。

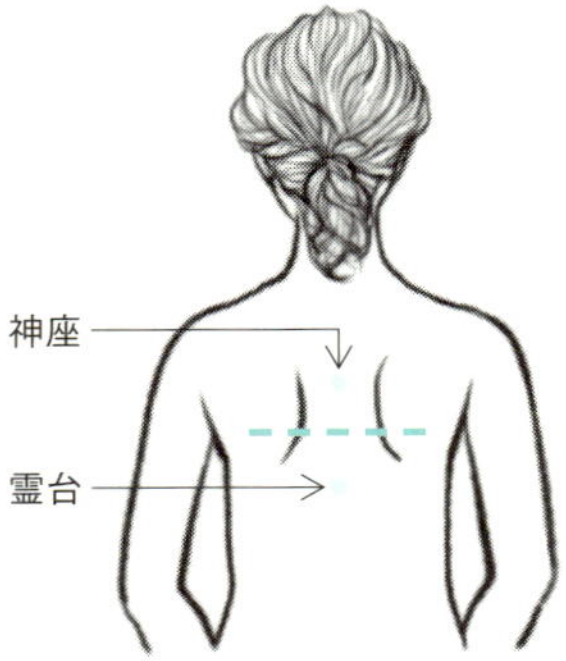

呼吸が浅いとき

呼吸はすべての基本です。いい呼吸はいい睡眠につながります。そしていい睡眠はオーラを輝かせ、霊的なバリアも強固にします。いい呼吸というのは、ひと言で言えば深い呼吸のこと。胸いっぱいに息を吸い、勢いよく吐ける人は、邪気を払う力もあるのです。人はネガティブなとき、呼吸が浅くなります。ネガティブだ、呼吸が浅い、と感じたときは、深い呼吸へと導くためのお祓いをしましょう。

お祓いの処方箋

◆マグカップにお湯を注ぎ、マートルの精油を1～2滴入れ、芳香浴をしながら深呼吸する。

◆寝る前にジャーマンカモミールのハーブティーを飲む。

自然霊

自然霊はこの世に姿を持ったことのない霊のことで、自然界には人間以外にもさまざまなたましいがいます。道を外した低級自然霊がいると、身の回りで不思議な現象がよく起きます。生ゴミなどがないのに、クサい臭いがする。やたらと物がなくなる。置いたはずの物が別の場所に移動している。姿はないが動物がいるような音がする。都会にいるはずのない蛇が庭などに出現する。蝶や昆虫が自分に寄ってくる。飼っている犬や猫が、何もいない場所に向かって吠《ほ》えたり、威嚇する。こうした気になる現象の起こる場所で、お祓いをしてみましょう。

お祓いの処方箋

◆**レモングラス**の精油を、芳香拡散器（ディフューザー）などを用いて香らせる。

憑依体質

霊的に敏感なタイプだ、憑依体質だという自覚がある場合は、まず感情的にならないよう、自律することが大切です。負を引き寄せないための体質改善に重要なのは、入浴で毛穴を開き、汚れたエクトプラズムを出すこと。そして、邪気を祓うツボの温湿布や深い呼吸も重要ですから、既に挙げたこれらのお祓いも行いましょう。植物のエナジーや香りに癒され、心地よくなることはとても大切です。さらに心丈夫に日々を過ごすために、次のお祓いをしましょう。

お祓いの処方箋

◆洗面器にローズのハーブを入れ、熱湯を注ぐ。適温に冷まし、手浴する。手浴とともにローズの花びらを手にすりつけて、手にバリアをはり、見えないお祓い手袋にしてもよい。

2 第六感を研ぎ澄まし、命の営みを感じる

勘が冴える、インスピレーションがひらめくというような第六感は、誰にでもあります。特別な能力などではありません。

あなたがこの本を手にしたことも、インスピレーションが働いてのことではありませんか？　たましいが癒しを求め、不調を祓いたい、人生を変えたいと思い、この本から何かしらの方法が見つかる。それはあなたの第六感が導いたものです。

そもそも五感と第六感をかけ離れたものとする考え方は違います。

これまで挙げたさまざまなアプローチが、五感を通して、第六感に向かっていくのであり、たましいへのアプローチが第六感を研ぎ澄ますことになります。

見たり、聞いたりしたものから、メッセージのようなインスピレーションを得るのも五感から第六感に通じた瞬間です。「なぜだかわからないけれど、懐かしさを感じ

る風景だ」「今まで嗅いだことはないけれど、どこかホッとする安心する香りだ」というような経験は、前世というたましいの記憶が呼び覚まされたからかもしれません。これも第六感と言えるでしょう。

もしあなたが「第六感を感じることができない」と思っているならば、こう申し上げましょう。

「大丈夫、あなたにも第六感はあります。まだ気づいていないだけです」

物質界であるこの世で、また物質主義的価値観にあふれた現代に生きながら、たましいをいかに心地よく目覚めさせるか。第六感を研ぎ澄まし、命の営みをもっと感じるために大切なことを、これからお話ししていくことにします。

フィトセラピーをはじめ、さまざまなアプローチで心と体が柔軟になったあなたたなら、きっと第六感についても素直に理解し、研ぎ澄ますことができるに違いありません。

オンとオフを瞬時に切り替える

例えば、アロマキャンドルの揺らめく炎を見つめながら、心地よい香りに包まれてメディテーションしていると、インスピレーションという良き知恵を得られることがあります。それはリラックスしながらも、瞬時に集中する能力があるからです。集中をオン、リラックスをオフとすれば、オンからオフ、オフからオンへと上手にシフトできる能力です。

この能力は、訓練次第で身につけることができます。どんな訓練かというと、これまでさまざまに挙げてきた癒しのアプローチを、意識して行うことです。

入浴する、精油の香りを嗅ぐ、その瞬間、瞬間で、意識的に日常のオンから上手に切り替えて、癒しというオフにシフトするのです。

人前で笑顔を絶やさずにいると、笑顔が張り付いたようになり、ひとりになったとき、普通の顔に戻れなくなることがあります。

それと同様に、長く緊張状態にあると、リラックスがうまくできなくなって、たましいが誤作動を起こしてしまいます。体が悲鳴をあげるので、何かに依存してでも無理矢理、リラックスしようとするケースも。たばこや過食はその一例でしょう。

「リラックスがどういうものか、よくわからない」という人は、頭のなかにイメージを思い描きましょう。

例えば、草原を歩いているようなイメージで、深呼吸しながら気持ちよく歩く。ウィンドウショッピングしているようなイメージで、ゆったりと歩きながらあたりを見る。想像力を膨らませて、イメージトレーニングを続けるうちに、何かをしていてもすぐにリラックスへと気持ちが切り替えられるようになるはずです。

そして日常のリズムという意味でも、オンとオフは意識的に切り替えましょう。仕事は仕事、お休みはお休み、とメリハリをつけるのです。

そのためには目的を持つことです。週末はデートがあるから、そこまでに仕事をきっちり終わらせよう。趣味を楽しむ時間を持ちたいから、家事をテキパキと済ませよう。

恋愛、趣味、資格、キャリアアップなど、オンとオフを切り替えるための目的を持てば、ダラダラとした生活にはなりません。規則正しい生活といっても、ただご飯を食べる、寝る、というのでは味気ないでしょう。そこにやるべきことがあるだけで、気持ちにもリズムが生まれます。たましいが、歓びを感じることができるのです。

人生を切り抜ける〝ひらめき〟を得る

ある発明家は、安楽椅子にもたれかかって庭をぼんやりと眺めているときに、大発明につながる図式が頭に浮かんできたといいます。これはまさしくひらめきでしょう。作家が、あれこれ空想を巡らしながら考えるうち、ふと面白いストーリーが浮かんでくる。これもひらめきです。

もちろん発明家や作家などクリエイティブな職業の人だけでなく、会社など組織のなかで仕事をしていても、ひらめきはあります。

商品開発やイベントなどの企画職では、顧客のニーズにどう応えるかというアイデアがひらめく。事務職ならば、仕事自体の工夫や改善方法がひらめく。経営者に至っては、会社の方向性を見極める先見の明というひらめきもあるでしょう。

もっと身近なところで言えば、家庭の主婦が料理を作るときもひらめきが働きます。冷蔵庫の中を見て、「これとこれがあるから、こんなメニューにしよう」と瞬時に思う。家族の好きな物が浮かび、「今日はこれにしよう」と思う。ときにそのひらめきが、たくさんの面白いレシピを生み、主婦から料理研究家になる人もいます。

うまい話が転がり込んできても、「これは危ないな」というひらめきで危険を回避する場合も。そして、人生のどん底にある人が起死回生の名案が浮かぶというのは、人生を切り抜ける発想力がひらめいたからでしょう。

こうしたひらめきに欠かせないのは、先に述べたリラックスです。

「人生のどん底にいて、リラックスなんかできるの？」と思うかもしれません。でも、もがいても、もがいても、どうにもならず、とうとう「仕方がない」と現実を受け入れたとき、肩の力がフッと抜けるような瞬間があるもの。それが「たましいのリラックス」なのです。

苦難に直面したとき、「そうだ！」というアイデアが浮かんだり、道が拓《ひら》けたりするのは、ただ待っていたものが降ってくるような偶然ではありません。それをスピリチュアルなメッセージととらえるなら、メッセージを受け入れられる土壌がなければ、上手にキャッチもできないのですから。

ぜひ日々のリラクゼーションを体感し、第六感というものを研ぎ澄ます訓練を続けてください。土壌を整え、メッセージという良き種を芽吹かせましょう。

あなたも必ず、人生を切り抜ける発想、そのひらめきを得ることができます。

命の営みを感じて

家庭菜園で季節の野菜を栽培したり、あるいはキッチンの窓辺で鉢植えのハーブを育てたりするのは、とてもいいことだと思います。自分で育てるとそれだけ思いがこもり、食べるときも、ひときわ感謝できます。

土や植物に触れて癒されるのは、大地のエナジーを感じるからでしょう。自然からエナジーをもらい、オーラが癒されるのです。

私たちは自然から切り離されたコンクリートジャングルで生きています。自宅の庭やベランダ、窓辺のキッチンガーデン、部屋のなかの観葉植物は、自然につなぎとめてくれるオアシス。サボテンのような手のかからない植物でもいいので、ぜひ自分で育て、生のエナジーを感じてみてください。

部屋に飾っていた切り花が、早く枯れてしまったり、手入れしていた観葉植物が弱ってしまったりということもあるでしょう。

もちろん現実的に手入れの方法がよくなかった、という原因は考えられます。しかしスピリチュアルな解釈では、植物が私たちにエナジーを与えてくれたと言えるのです。

あまりに早く枯れてしまった場合は、自分や家族のネガティブなエナジーを吸収してくれたからかもしれません。

それを「自分たちのエナジーが下がっているなんて、この家はよくない状態なんだ。それじゃ植物たちがかわいそう」と思うか、「エナジーを補ってくれた植物たちに感謝だね」と思うかでは、とらえ方がまったく違うでしょう。

植物のエナジーについての話を聞いて、「エナジーを自分たちがもらってしまっては、植物がかわいそう」と思う人もいるようです。

でも考えてみてください。自然の摂理として、肉体を養うために物を食べるのは誰にとっても必要なこと。それをかわいそうだからといって、食べないでいることはできません。

エナジーをいただくという意味では、食べることも、植物を飾ることも同じではないでしょうか。もちろん、もらって当たり前と言っているのではありません。だからこそ人は、「いただきます」と言って食事をします。命を「いただく」ことに感謝が生まれるからです。

そういう意味では、植物を飾るときも「いただきます」という感謝が生まれるはずなのです。

本当に「いただきます」の感謝が持てる人は、無駄にはしません。

生きものの大切な命をいただくのだから、必要以上に獲ったりせず、余ったからと言って簡単に捨てたりしない。ありがたくいただき、そして「ごちそうさま」と最後まで感謝する。

飾っていた花が枯れたときも、同じように感謝の気持ちで「ありがとう」と言えるはずです。

現代に生きる私たちは自然から離れ、自然の摂理、命の巡りというものを見失いがちです。しかし、人間もまた動物であり、自然の中に生きる生きもの。

肉体を癒し、たましいを癒し、感性を高めてください。そうすればあなたはその命の営みを感じられるでしょう。

生活を充実させ、楽しむ歓びを実感するはずです。

そして人生が、もっと彩り豊かだと知ることができるに違いありません。

おわりに

私はフィトセラピー（植物療法）の専門家として、ハーブ療法やアロマセラピーに長年かかわってきました。このたび江原啓之さんとの共著が実現したことで、ハーブをはじめとする植物が持つスピリチュアルな癒しの力を皆様にお伝えすることができ、大変うれしく思っております。

ある時は痛みに、ある時は魔除けに、神秘的とも言えるハーブが持つ癒しの力を、人々は本能的に試してきました。そしてその始まりは文明が誕生する前の太古にさかのぼることができます。そのような昔から人が経験的に使ってきたハーブの癒し効果は、近年になり、ハーブの持つ成分の分析が行われて、その根拠が科学的に解明されるようになりました。しかし同時に、まだまだ解明できない、多種多様な成分で構成されていることもわかったのです。

そう、太古から経験的に使われてきたハーブたちは、多くの成分が複雑に絡み合い、相乗的な癒しをもたらしているのです。例えばラベンダーの場合、香りの成分が自律神経系に働き、生体リズムを調整して体内時計を整え、タンニンなどの成分が炎症の改善に働きます。このように、精神と肉体の両面に作用することはもちろん、名前の語源がラテン語の「ラワーレ（洗う）」からと言われるように、ラベンダーは浄化を促すハーブでもあります。また、ラベンダーのこうした働きは、このハーブを使う一人一人の状態に合わせて発現する、オリジナルな癒し効果という特徴があるのです。

人が生まれながらに持っている、心身を健全に保つ能力を、「自然治癒力」と言いますが、伝統医学においても、自然治癒力のことを「ブラフマー」として、神様の名前をあてはめるほど、大切なものとしています。ハーブは、その「自然治癒力」を高めるための優秀なサポーターです。そんなハーブや精油の力を借りて、肉体と心、そしてスピリチュアルな面も含めた癒しに本書をご活用いただければ、大変うれしく思います。

本書をお読みいただくことにより、植物が持つ深遠な世界に触れ、皆様の健やかな人生の実現のためにお役立ていただけましたら望外の幸せです。

池田明子

ヤロウ *Achillea millefolium*··········· **74**
ユーカリ *Eucalyptus globulus*
··············· **92·114·124·126·127**
··················76·106·148*·153*
ユズ *Citrus junos*················ **84**·90
ヨモギ····························156*

ラ

ラヴィンサラ *Cinnamomum camphora*
································· **102**
ラズベリーリーフ *Rubus idaeus*····· 132
ラベンダー
Lavandula angustifolia /officinalis
······90·102·104·106·108·110·134
···· **78·80·82·90·106·114·119·122**
········· **128·132·134·143·144**·151*
リンゴ·····························140
リンデン *Tilia europaea*····· 78·84·130
ルイボス *Aspalathus linearis*
··················· 116·132·138·140
ルバーブ···························138
レモン *Citrus Limon*············· **76·92**
レモングラス *Cymbopogon citratus*
···························130·159*
レモンバーベナ *Lippa citriodora*
····················78·82·106·143
レモンバーム *Melissa officinalis*
······························80·104
ローズ *Rosa gallica*·········80·126·138
····························94·160*
ローズオットー *Rosa damascena*
················ **96·98·100·118·122**
ローズヒップ *Rosa canina*
··················· 114·118·120·126
ローズマリー *Rosmarinus officinalis*
···················· 74·76·86·136
····· **76· 86·116·136·144**·153*·155*
ローマンカモミール *Anthemis nobilis*
························· **78·116·132**
ローレル *Laurus nobilis*········ 74·154*

ワ

ワカメ·····························140

参考図書

「アロマセラピー　使いこなし事典」
池田明子(世界文化社)

「草花のオーラで幸せを呼ぶ本」
池田明子(マキノ出版)

「フィトセラピー生活12カ月」
池田明子(主婦の友社)

「カラダを元気にするハーブ＆野菜」
林真一郎、池田明子(日東書院本社)

「メディカルハーブの事典
主要100種の基本データ(改訂新版)」
林真一郎:編 (東京堂出版)

「メディカルハーブ
安全性ハンドブック(第2版)」
メディカルハーブ広報センター:監修／
HPA:編著／林真一郎、渡辺肇子:監訳／
若松英輔:訳(東京堂出版)

「日本のハーブ辞典　身近なハーブ活用術」
村上志緒:編(東京堂出版)

「ハーブ＆スパイス大事典」
ナンシー・J・ハジェスキー／
日本メディカルハーブ協会:日本語版監修
(日経ナショナルジオグラフィック社)

ニンニク …… 116
ネギ …… 116
ネトル *Urtica dioica* …… 124・140
ネロリ *Citrus aurantium* …… 155*
…… 78・84・98・130

ハ

バーベイン *Verbena officinalis* …… 82
ハイビスカス *Hibiscus sabdariffa*
…… 74・92・114・116・122・126・138・143
バジル …… 94・110
パチュリ *Pogostemon patchouli* …… 74
パッションフラワー *Passiflora incarnata*
…… 90・106
バナナ …… 140
パルマローザ *Cymbopogon martini*
…… 104
バレリアン *Valeriana officinalis* …… 78
ピーマン …… 140
ビルベリー *Vaccinium myrtillus* …… 122
フィーバーフュー *Tanacetum parthenium*
…… 119
フェヌグリーク *Trigonella foenum-graecum*
…… 142
福寿草 …… 150*
フェンネル(シード) *Foeniculum vulgare*
…… 138・142・155*・157*
プチグレン *Citrus aurantium*
…… 82・92・100
フランキンセンス *Boswellia carterii*
…… 80・82・84・86・106・119・132・143
…… 147*・153*・155*
プリムラ *Primula veris* …… 94・96
ベゴニア …… 110
ベチバー *Vetiveria zizanioides* …… 104
ペパーミント *Mentha piperita*
…… 76・119・124・127・128
…… 138・142・143・144
…… 127・142・148*・153*
ベルガモット *Citrus bergamia* …… 155*
…… 82・88・96・102
ベンゾイン *Styrax benzoin* …… 90・104
ホーステール *Equisetum arvense*
…… 140・149*
北海道モミ *Abies sachalinensis* …… 120
ホップ *Humulus lupulus* …… 78
ポトス …… 82
ボリジ *Borago officinalis* …… 120
ホワイトセージ …… 148*・152*・154*

マ

マートル …… 74・158*
マイタケ …… 114
マテ *llex paraguayensis* …… 116・140・144
マロウブルー *Malva sylvestris* …… 122
マンダリン *Citrus reticulata*
…… 92・104・108
ミルラ *Commiphora myrrha* …… 128・147*
メリッサ *Melissa officinalis*
…… 80・90・94・98・102・104・108

ヤ

ヤツデ …… 150*

ページ数はハーブ・**精油**・**その他のフィト**で色分けしています。
3章で紹介するハーブ・精油は、ページ数に＊をつけています。ハーブ・精油の右の欧文は学名です。

サ

サイプレス *Cupressus sempervirens* ………… 76・80・88・140
サフラン *Crocus sativus* ………… 100・136
サボテン ………… 86・102
サンショウ *Zanthoxylum piperitum* ………… 142
サンセベリア ………… 80・96
サンダルウッド *Santalum album* ………… 147*
………… 80・90・104・106
シェパーズパース *Capsella bursa-pastoris* ………… 140
シソ *Perilla frutescens* ………… 142
シダーウッド *Cedrus atlantica* ………… 86・110・130
シナモン *Cinnamomum verum* ………… 88・136
ジャーマンカモミール *Matricaria chamomilla*
………… 80・94・96・102・104・106・108・110
………… 119・132・134・142・144・158*
ジャスミン *Jasminum grandiflorum* ………… 98・98
ジュニパー *Juniperus communis* ………… 86・90・94・140
ショウガ ………… 116・136
スイートバジル *Ocimum basilicum* ………… 143・147*
スイートマジョラム *Origanum majorana* ………… 96・106・119・138・142
スペアミント *Mentha spicata* ………… 92
スミレ ………… 80
セージ *Salvia officinalis* ………… 84・90・100・114・118・128
………… 147*・156*
ゼラニウム *Pelargonium graveolens* ………… 130・134
………… 149*
セローム ………… 74・84・86
セロリシード *Apium graveolens* ………… 140
セントジョーンズワート *Hypericum perforatum* ………… 78・100
………… 147*・156*

タ

タイム *Thymus vulgaris* ………… 74
………… 74・84・88・98・126・127・128・143
タイムリナロール *Thymus vulgaris ct.linalool* ………… 86
タマネギ ………… 116
ダンディライオン *Taraxacum officinale* ………… 116・138・142
チャ(茶) *Camellia sinensis* ………… 88
チャイブ *Allium schoenoprasum* ………… 143
………… 150*
ティートゥリー *Melaleuca alternifolia* ………… 114・116・124・126・127・128・134
ディル *Anethum graveolens* ………… 90・142
ドラセナ ………… 92・98

ナ

ナッツ ………… 140
南天 ………… 150*
ニアウリ *Melaleuca viridiflora* ………… 126
ニーム ………… 150*
ニラ ………… 116

索　引

ア

アーティチョーク *Cynara scolymus* ……140・157*
アイビー……94・108
青森ヒバ *Thujopsis dolabrata*……**120**
アジアンタム……74・88・102
アジュガ……86・88
アボカド……138
アンジェリカ *Angelica archangelica* ……98
イランイラン *Cananga odorata* ……**74・80・84・118・132**
エキナセア *Echinacea angustifolia* ……114・128
エゾウコギ *Acanthopanax senticosus* ……116
エルダーフラワー *Sambucus nigra* ……96・120・124
オート *Avena sativa*……116
オレガノ *Origanum vulgare* ……90・126・138・142
オレンジ *Citrus sinensis* ……**74・78・82・88・132・136・138・143**
オレンジフラワー *Citrus aurantium* ……78・80・90・98

カ

ガーベラ……82・98・110
ガジュマル……88
カルダモン *Elettaria cardamomum* ……**88**・136・143
カレンデュラ *Calendula officinalis* ……134
木曽ヒノキ *Chamaecyparis obtusa* ……**80**・147*
キャットニップ *Nepeta cataria*……120
キャラウエイシード *Carum carvi*……142
クミンシード……143
クラリセージ *Salvia sclarea*……**118・132**
グレープフルーツ *Citrus paradisi* ……**76・144**
クローバー……96・108
クローブ *Syzygium aromaticum*……**76** ……74・98
クロモジ *Lindera umbellata* ……**116・132・134**
月桃 *Alpinia zerumbet*……**110**
コウヤマキ *Sciadopitys verticillata* ……**100・108**
コチョウラン……98
ゴボウ……138
コリアンダー *Coriandrum sativum* ……74・88・143

ページ数はハーブ・**精油**・**その他のフィト**で色分けしています。
3章で紹介するハーブ・精油は、ページ数に＊をつけています。ハーブ・精油の右の欧文は学名です。

江原啓之 Hiroyuki Ehara

スピリチュアリスト、オペラ歌手。スピリチュアリズム協会代表理事。吉備国際大学、九州保険福祉大学客員教授。1989年にスピリチュアリズム研究所を設立。『スピリチュアル プチお祓いブック』『星月神示 あなたが生まれてきた意味』(ともにマガジンハウス)、『守護霊』(講談社)、『厄祓いの極意』(中央公論新社)、『運命を知る』(PARCO出版)、『スピリチュアル・リナーシェ 祈るように生きる』(三笠書房)、『あなたが輝くオーラ旅 33の法則』(小学館)など著書多数。

池田明子 Akiko Ikeda

植物療法士／フィトセラピスト。ソフィアフィトセラピーカレッジ校長。西九州大学客員教授。日本フィトセラピー協会理事長。日本ハンドケア協会理事長。臨床検査技師、植生工学士。夫は俳優の梅沢富美男。著書に『ズボラ大人女子の週末セルフケア大全』(大和書房)、『心と体を癒す手のひらマッサージ』(主婦の友社)、『アロマセラピー使いこなし事典』(世界文化社)、『熟年離婚、したくなければズボラ婚。』(双葉社)などがある。

たましいを癒す
お祓いフィトセラピー

2018年6月28日　第1刷発行

著者＊江原啓之・池田明子
発行者＊石﨑 孟
発行所＊株式会社マガジンハウス
〒104-8003
東京都中央区銀座3-13-10
書籍編集部 ☎03-3545-7030
受注センター ☎049-275-1811
印刷・製本所＊凸版印刷株式会社
写真＊小川朋央
イラストレーション＊アンジョレッタ・グレース
編集協力＊やしま みき
ブックデザイン＊大久保裕文＋須貝美咲 (Better Days)

ISBN978-4-8387-3001-8 C0095